Chevaux

et poneys

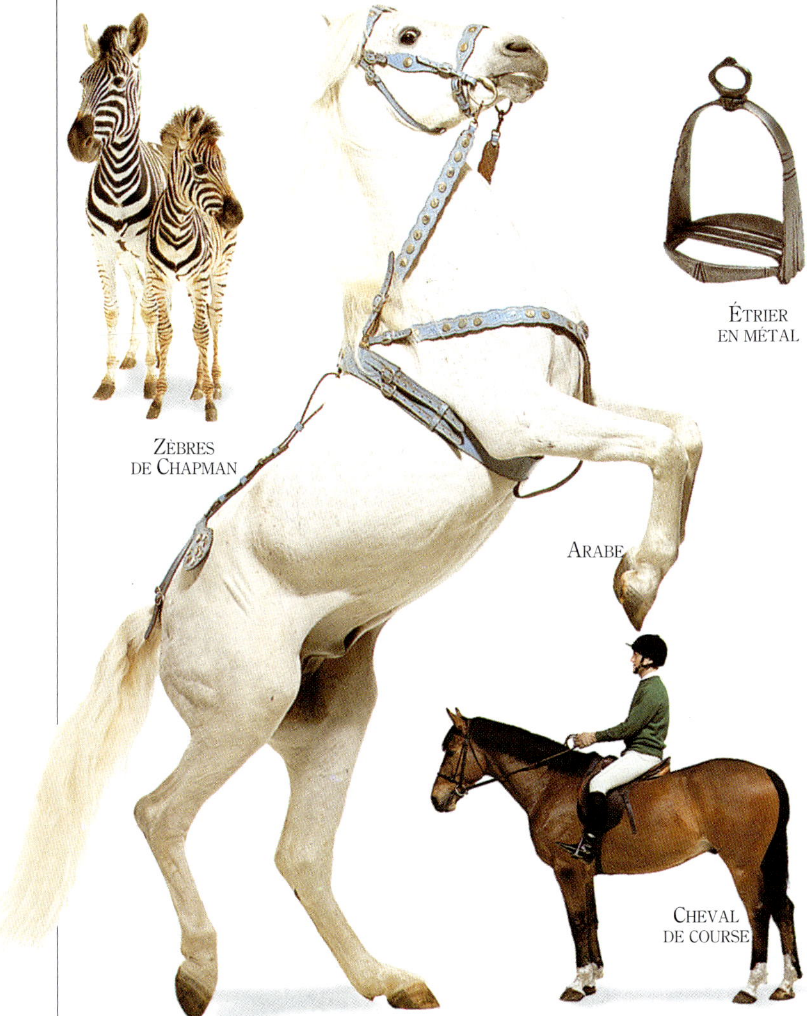
Zèbres de Chapman

Arabe

Étrier en métal

Cheval de course

Chevaux
et poneys

Texte
David Alderton

VOITURE
À ÂNE

MEMBRE
DE LA POLICE
MONTÉE

SHIRE

PONEY
SHETLAND

Les compacts
GALLIMARD JEUNESSE

Pour l'édition originale :
Dorling Kindersley Limited

Édition originale parue en 1995
sous le titre *Pockets Horses*

Pour l'édition française :
Remise en page : Barbara Kekus, Octavo
Maquette de couverture :
Marguerite Courtieu
Responsable éditorial : Thomas Dartige
Édition : Eric Pierrat, Anne-Sophie Guirlet et Anne-Flore Durand
Photogravure de couverture et flashage : Scan+

COMMENT ACCÉDER AU SITE INTERNET DU LIVRE

1 - SE CONNECTER

Tapez l'adresse du site dans votre navigateur puis laissez-vous guider jusqu'au livre qui vous intéresse :
http://www.decouvertes-gallimard-jeunesse.fr/9+

2 - CHOISIR UN MOT CLÉ DANS LE LIVRE ET LE SAISIR SUR LE SITE

Vous ne pouvez utiliser que les mots clés du livre (inscrits dans les puces grises) pour faire une recherche.

3 - CLIQUER SUR LE LIEN CHOISI

Pour chaque mot clé du livre, une sélection de liens Internet vous est proposée par notre site.

4 - TÉLÉCHARGER DES IMAGES

Une galerie de photos est accessible sur notre site pour ce livre. Vous pouvez y télécharger des images libres de droits pour un usage personnel et non commercial.

IMPORTANT

- Demandez toujours la permission à un adulte avant de vous connecter au réseau Internet.
- Ne donnez jamais d'informations sur vous.
- Ne donnez jamais rendez-vous à quelqu'un que vous avez rencontré sur Internet.
- Si un site vous demande de vous inscrire avec votre nom et votre adresse e-mail, demandez d'abord la permission à un adulte.
- Ne répondez jamais aux messages d'un inconnu, parlez-en à un adulte.

NOTE AUX PARENTS : Gallimard Jeunesse vérifie et met à jour régulièrement les liens sélectionnés, leur contenu peut cependant changer. Gallimard Jeunesse ne peut être tenu pour responsable que du contenu de son propre site. Nous recommandons que les enfants utilisent Internet en présence d'un adulte, ne fréquentent pas les *chats* et utilisent un ordinateur équipé d'un filtre pour éviter les sites non recommandables.

ISBN 978-2-07-061786-9

Loi n° 49-956 du 16 juillet 1949
sur les publications destinées à la jeunesse
Premier dépôt légal : janvier 2008
Dépôt légal : janvier 2009
Numéro d'édition : 165500

Photogravure Colourscan, Singapour
Imprimé par Star Standard à Singapour

SOMMAIRE

COMMENT UTILISER CE LIVRE

La première partie présente les caractéristiques générales des chevaux ; une deuxième partie, plus développée, étudie les différentes races ; et si vous voulez “en savoir plus”, le livre se termine par des pages pratiques. Une double page en couleurs annonce chaque chapitre.

LES TYPES DE CHEVAUX

Dans ce livre, on distingue quatre types de chevaux : les poneys, les chevaux légers, les chevaux lourds, les chevaux sauvages (ou retournés à l'état sauvage). Pour chaque type, nous présentons les races reconnues, ou les races qui ont eu des influences en terme de sélection.

LE TITRE

Il nomme le sujet de la page. Cette page est sur le Cleveland Bay. Si le sujet se poursuit sur plusieurs pages, le titre apparaît en tête de chacune d'elles.

CLEVELAND BAY

CLEVELAND BAY

Descendant des chevaux de carrosse anglais du Yorkshire dans les années 1800, cet animal nerveux tirait les voitures royales lors des cérémonies officielles. Originaire du district de Cleveland, sur la côte nord-est de l'Angleterre, il est reconnaissable à sa robe baie, et à sa queue et crinière noires.

CHEVAL D'ÉQUIPAGE ROYAL
Cheval de trait pour les carrosses royaux, le Cleveland Bay vit dans les écuries royales près de Buckingham Palace, à Londres. À une époque, le duc d'Édimbourg a fait concourir une équipe constituée en partie de Cleveland Bay dans des courses de trot attelé.

Elégante encolure rouée

Encolure musclée et épaules inclinées donnant de la puissance.

16 (1,62 A 1,65 M AU GARROT)

Absence de fanons sur les paturons

94

Échelle

L'INTRODUCTION

Elle donne une vue d'ensemble du sujet traité. Après l'avoir lue, vous aurez une idée claire du contenu des pages.

LES LÉGENDES EN ITALIQUE

Elles soulignent les détails auxquels elles sont reliées par un filet. Elles complètent le texte qui commente chaque illustration.

Les titres
Dans la marge de la page de gauche figure le sujet traité dans la double page, dans la marge de la page de droite, le titre du chapitre. Cette page sur le Cleveland Bay se trouve dans le chapitre “Les chevaux légers”.

Pour plus de clarté, un titre identifie les illustrations quand elles ne sont pas reliées au texte de façon évidente.

Échelle
On mesure le cheval (sa hauteur au garrot) en mains. Une main correspond approximativement à 10 cm.

RECORDS ET ANECDOTES

A travers la diversité des espèces et des races [...]ouvre des faits surprenants. [...]s phénomènes purement naturels, [...] ses relations avec l'homme, [...] 6 000 ans.

EN SAVOIR PLUS

AU-DELÀ DES MERS
[L]e Cleveland Bay est né [d]e croisements avec [d]es chevaux anglais, [l]'Andalou et le Barbe [i]ntroduits, vers 1600, par [d]es navires marchands [e]n provenance d'Espagne [e]t d'Afrique du Nord. [I]l est considéré comme [l]e meilleur carrossier [d]'Europe.

LE BAVAROIS SANG-CHAUD
À la fin du XVII[e] siècle, le Cleveland Bay contribua à l'élaboration du Bavarois sang-chaud, à qui il légua puissance et résistance. Cette race allemande est employée dans les compétitions, et comme carrossier.

Queue généralement noire – les poils gris sont un signe de pureté.

Bon sauteur grâce à des membres robustes

Paturons longs donnant au cheval sa stature

LE SAVIEZ-VOUS ?
- Autrefois, on surnommait le Cleveland Bay “Chapman” (colporteur), car il tirait les charrettes des marchands ambulants.
- En 1962, la reine Elizabeth II acheta pour l'élevage l'un des quatre derniers étalons afin de sauver la race.
- Il fut employé pour les travaux agricoles, comme cheval de bât et cheval de mine (transport du charbon).

LES CHEVAUX LÉGERS

95

En savoir plus
À la fin du livre, les pages grises et jaunes vous proposent des informations pratiques, des chiffres et des tableaux, par exemple des records atteints par les chevaux : le plus gros, le plus petit, le plus rapide, etc.

Des petits encadrés intitulés “le saviez-vous ?”, vous rappellent d'un coup d'œil les détails remarquables ou étonnants propres au sujet traité.

Index
Pour faciliter vos recherches, un index alphabétique achève les pages pratiques : vous y trouverez tous les noms de chevaux et tous les sujets traités dans le livre.

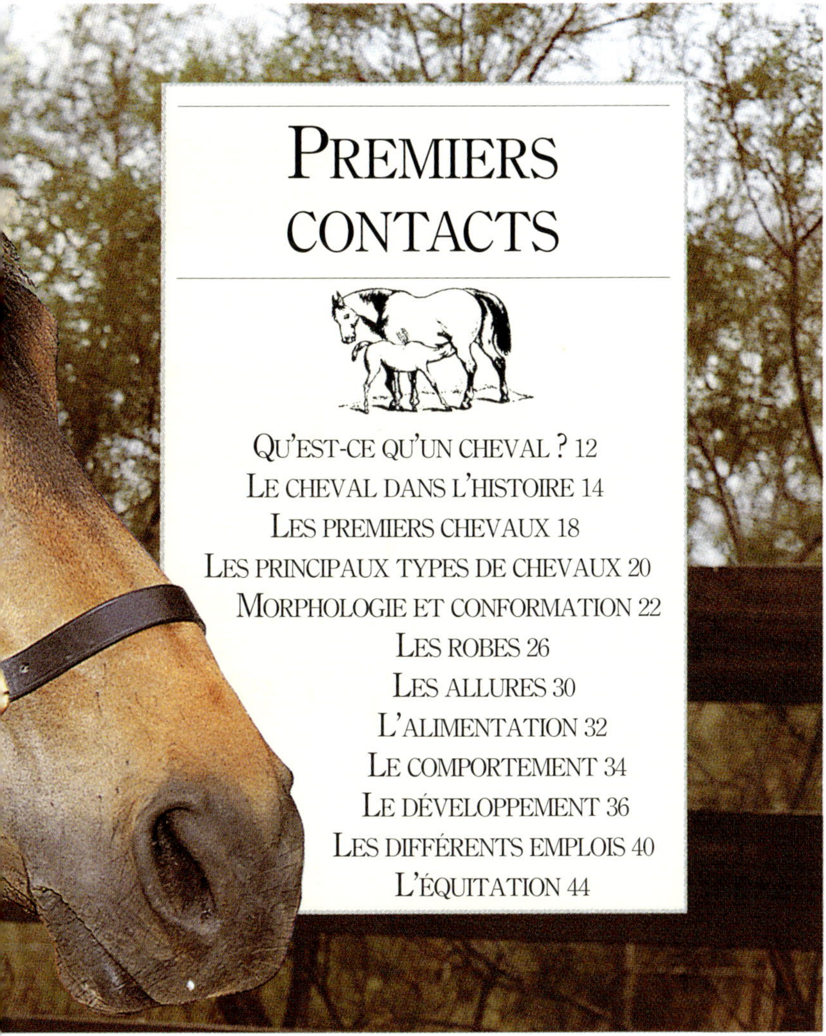

PREMIERS CONTACTS

Qu'est-ce qu'un cheval ?

Les premiers chevaux vivaient dans les plaines d'Amérique du Nord, il y a quelque 60 millions d'années. Le cheval moderne est un quadrupède, pourvu d'un seul doigt, au corps recouvert de poils courts. Ce mammifère herbivore de la famille des Équidés, est un animal social qui préfère vivre en groupe.

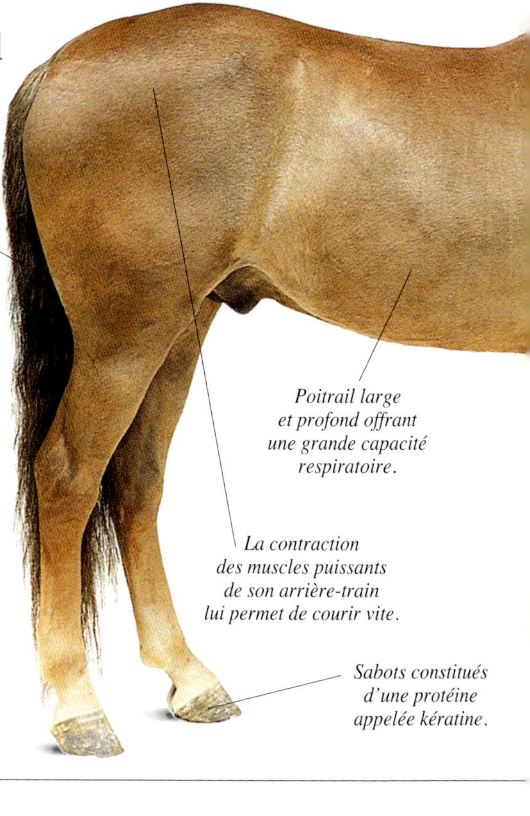

Le saviez-vous ?

- On mesure un cheval du sol au garrot, base de l'encolure à l'aplomb des membres antérieurs.
- Contrairement au poulain, le jeune poney a les mêmes proportions que l'adulte.
- Il existe environ 60 races officielles de chevaux légers.
- La plupart des races chevalines actuelles ont été créées pour effectuer des tâches spécifiques.

@ Cheval

LE CHEVAL ET L'HOMME
Comme on le voit sur cette peinture rupestre, les premiers hommes chassaient le cheval pour sa chair et sa peau. Sa chasse était facile car le cheval sauvage vivait en troupeau. Plus tard, l'homme le monta, l'attela, puis l'employa à des tâches diverses.

NÉ POUR COURIR
Le poulain naît entièrement développé. À l'état sauvage, il doit être capable de suivre sa mère et de fuir les prédateurs dès la naissance.

Le cheval dans l'histoire

L'homme commença à domestiquer le cheval il y a 5 000 à 6 000 ans, d'abord pour rassembler les troupeaux, puis pour tirer les charrettes et les chars. Il devint vite un moyen de transport courant et fut indispensable en période de guerre.

AVANT LE CHEVAL
Le bœuf et l'onagre furent domestiqués avant le cheval. Cette mosaïque mésopotamienne, de 2500 av. J.-C., représente un attelage d'onagres.

LES CHARS
Des tribus cavalières introduisirent le cheval et le bardot chez les Égyptiens. Ils les utilisèrent pour se déplacer, comme en témoigne cette peinture d'une tombe égyptienne, d'environ 1400 av. J.-C.

@ Histoire

LES MYTHES
Dans la mythologie grecque, Pégase, cheval ailé né du sang de Méduse, fut capturé par Athéna, déesse de la Sagesse et de la Guerre à l'aide d'une bride en or. Plus tard, des astronomes grecs baptisèrent une constellation de l'hémisphère boréal du nom de Pégase.

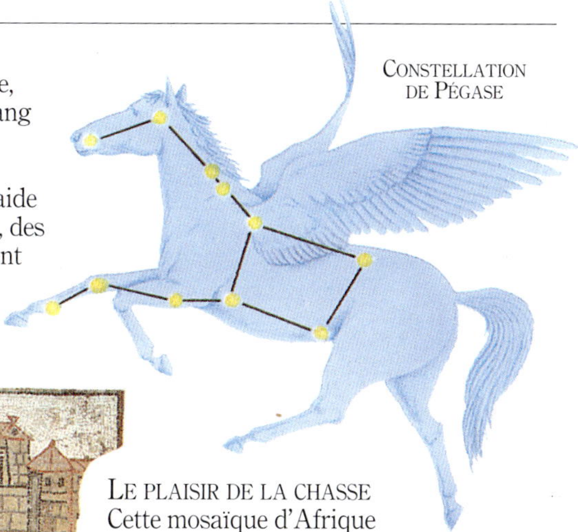
CONSTELLATION DE PÉGASE

LE PLAISIR DE LA CHASSE
Cette mosaïque d'Afrique du Nord, fin Ve - début VIe siècle, montre que l'homme chassait déjà à cheval.

ASSIETTE PERSANE DU VIe SIÈCLE

BÂTISSEURS D'EMPIRES
C'est à cheval ou dans des chars tirés par des chevaux que les Perses eurent raison de leurs ennemis et fondèrent leur empire au VIe siècle av. J.-C. Ils construisirent des routes et mirent en place un véritable réseau postal, à base de cavaliers, leur permettant de contrôler le territoire.

Le cheval toujours

Avant l'invention de la machine à vapeur, le cheval était le principal mode de transport, véhiculant gens et marchandises. En période de guerre, il servit d'abord de monture, puis transporta les armes et les vivres. Autrefois, les enfants jouaient avec des chevaux miniatures, aujourd'hui ils jouent avec des petites voitures.

DES CHEVAUX DE HALAGE
Au XVIIIe siècle, on voyait des chevaux sur les chemins de halage tirer à 3,3 km/h des péniches pouvant peser jusqu'à 50 t.

TOURNOI
En Europe, les tournois permettaient aux chevaliers de s'entraîner pour la guerre. Le but était de désarçonner l'adversaire ou de briser sa propre lance contre son bouclier. Le cheval portait des charges d'environ 200 kg (cavalier, armure et selle).

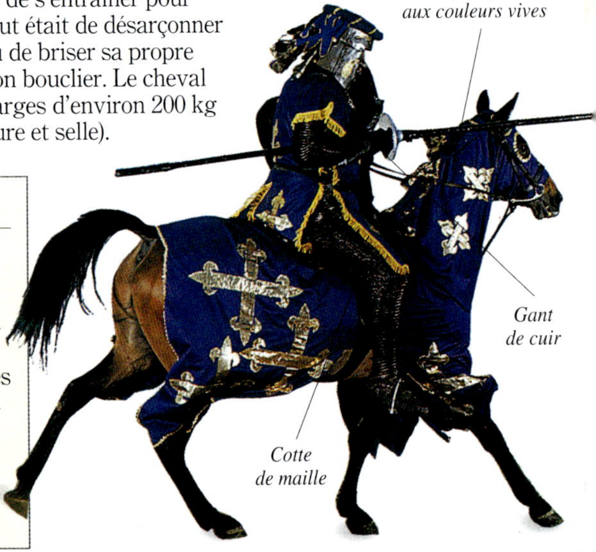

LE SAVIEZ-VOUS ?

- Le Cid, héros chrétien, avait appelé son cheval "Babieca" (stupide, en espagnol).
- Au Moyen Âge, les soldats mercenaires possédaient un cheval et une lance.
- Un chemin de fer (200 km), tiré par des chevaux, fut inauguré en Autriche en 1852.

PHAÉTON DU XIXe SIÈCLE

Les phaétons étaient tirés par un ou deux chevaux.

TRANSPORT URBAIN

Jusqu'au début du XXe siècle, les chevaux assuraient la majeure partie du transport urbain. Ils tiraient fiacres, omnibus, tramways et voitures particulières. Le phaéton, une calèche à quatre roues, était très à la mode au XIXe siècle.

CHEVAL À BASCULE DU XVIIIe SIÈCLE

JOUETS

Le cheval faisait jadis partie de la vie quotidienne : il a inspiré de nombreux jouets. Les premiers chevaux à bascule apparurent au début du XVIIe siècle.

Heaume en métal

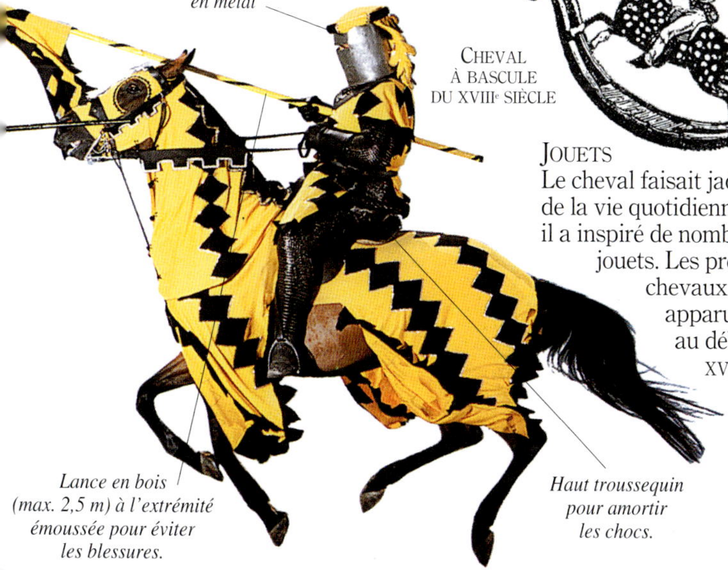

Lance en bois (max. 2,5 m) à l'extrémité émoussée pour éviter les blessures.

Haut troussequin pour amortir les chocs.

Les premiers chevaux

L'évolution des Équidés, durant plus de 60 millions d'années, a surtout eu lieu sur le continent nord-américain. Puis ils disparurent de ces régions il y a 8 000 ans et se développèrent en Asie, en Afrique, en Amérique du Sud et en Europe.

HIPPARION
Il s'agit d'un Équidé à trois doigts, dont on a retrouvé des fossiles en Europe, en Asie et en Afrique, où il vécut il y a environ 15 000 ans.

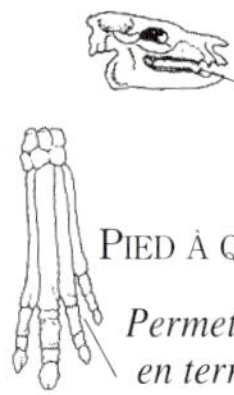

CRÂNE
Petites dents parfaites pour paître.
PIED À QUATRE DOIGTS
Permet les déplacements en terrain marécageux.

EOHIPPUS
Ce petit animal, pas plus gros qu'un lièvre, est l'ancêtre du cheval moderne. Il s'éteignit il y a environ 40 millions d'années.

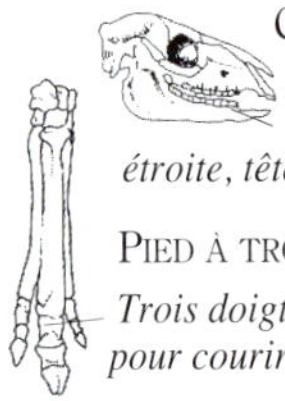

CRÂNE
Mâchoire étroite, tête plus longue.
PIED À TROIS DOIGTS
Trois doigts seulement pour courir sur sol dur.

MESOHIPPUS
Les forêts se clairsemant et les sols devenant plus secs et plus durs, *Mesohippus*, pouvait parcourir de longues distances.

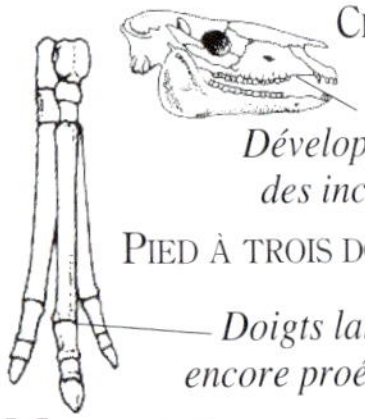

CRÂNE
Développement des incisives.
PIED À TROIS DOIGTS
Doigts latéraux encore proéminents.

MIOHIPPUS
Forme plus évoluée de *Mesohippus* qui vivait il y a environ 30 millions d'années. Ses allures étaient semblables à celles du cheval actuel.

@ Évolution des espèces

Les origines

La formation de détroit de Béring, entre l'Amérique et l'Asie, résultat de l'élévation du niveau de la mer, à la fin de la période glaciaire, est à l'origine la répartition actuelle des populations de chevaux.

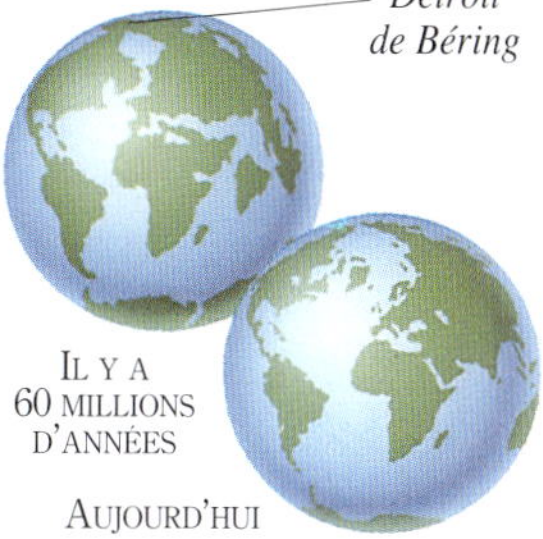

Le saviez-vous ?

- Les premiers chevaux du continent nord-américain auraient été décimés par une épidémie.
- Le premier *Eohippus* fut trouvé dans le Wyoming, États-Unis, en 1867.

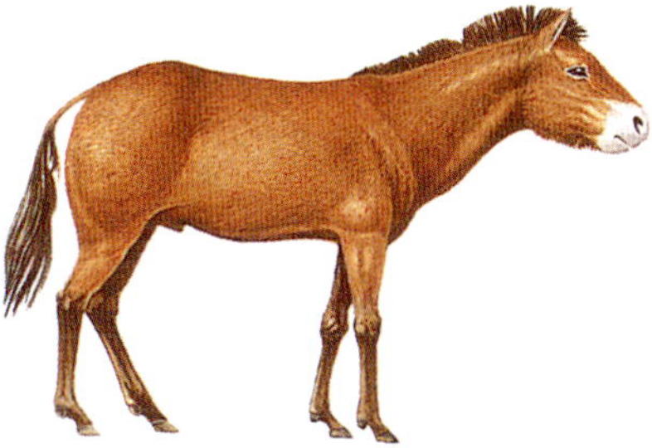

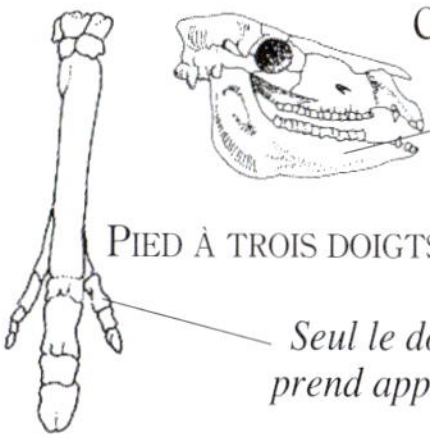

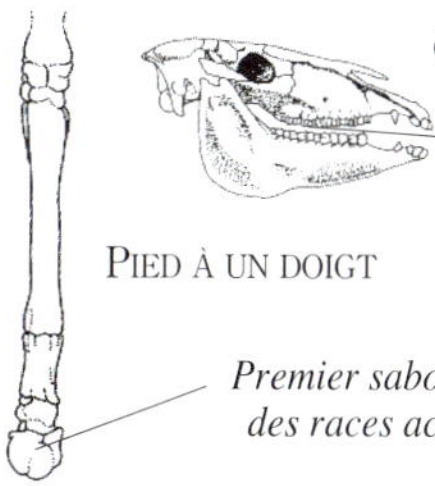

Merychippus

Merychippus avait un long cou. Il vivait dans les plaines de l'actuel Nebraska, au centre des États-Unis, il y a près de 10 millions d'années.

Pliohippus

Ancêtre direct du cheval actuel, dont il avait globalement les proportions, *Pliohippus* vivait il y a environ 6 millions d'années. Il mesurait 1,22 m au garrot.

Les principaux types de chevaux

On considère que les chevaux actuels descendent de quatre types qui vivaient en Europe et en Asie il y a plus de 6 000 ans. On retrouve encore leurs caractéristiques dans certaines races.

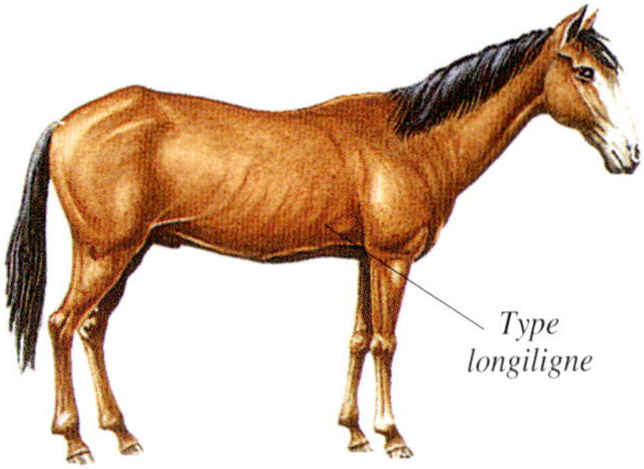

Poney type 1
Ce robuste poney fait penser à l'Exmoor actuel (Grande-Bretagne), qui vivait au Nord-Ouest de l'Europe.

Cheval type 1
Originaire des régions sèches et arides d'Asie centrale, il ressemble à l'actuel Akhal-téké.

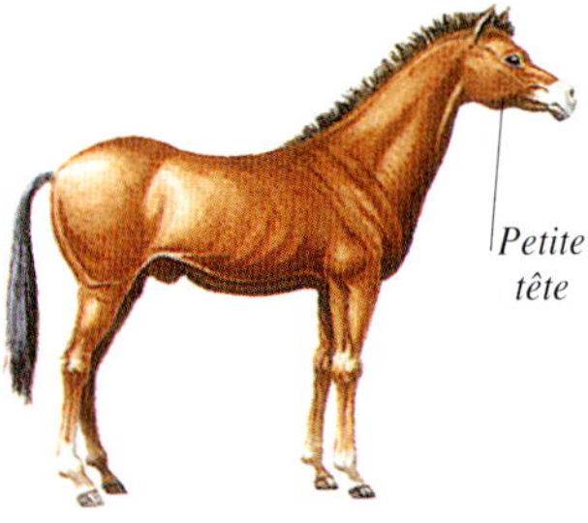

Poney type 2
Semblable au Przewalski, solidement charpenté, tête lourde, il vivait au nord de l'Eurasie.

Cheval type 2
Descendant probable de l'Arabe et du Caspian, il vivait dans les déserts chauds de l'Asie occidentale.

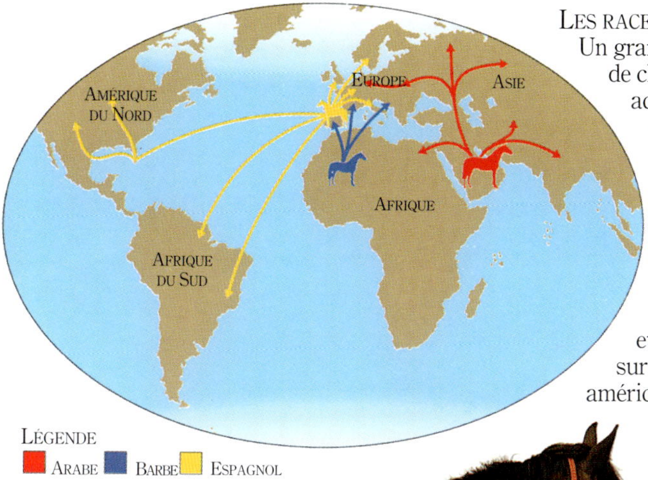

Les races fondatrices
Un grand nombre de chevaux légers actuels descendent de trois races principales : Arabe, Barbe et Espagnol. Leur influence s'est étendue au Moyen-Orient, en Europe et plus tard, sur le continent américain.

Les trois principaux groupes
Les races chevalines sont divisées en trois groupes principaux : poneys, chevaux légers et chevaux lourds. On trouve encore des poneys et des chevaux légers à l'état sauvage, mais les chevaux lourds sont complètement domestiqués.

Morphologie et conformation

Le corps du cheval est parfaitement adapté à son type de vie. Son long cou lui permet de paître en baissant la tête, ses membres longs et musclés lui permettent de fuir le danger. Les proportions de son corps, ou conformation, servent à déterminer son groupe et sa race.

Les points

Les points, ou régions, sont les caractéristiques extérieures du cheval. Chaque région porte un nom, et l'ensemble d'entre elles donne la conformation.

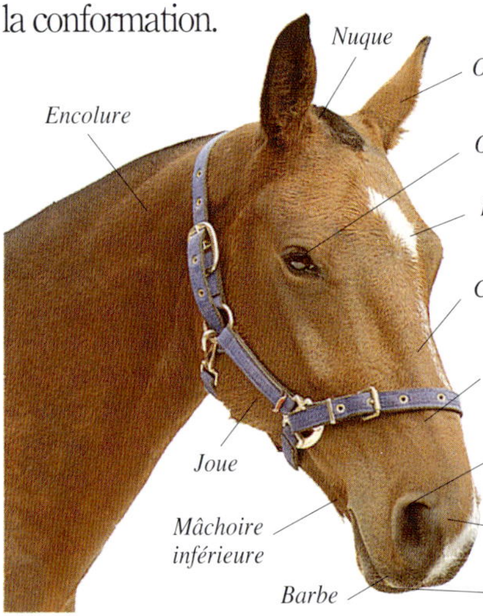

Anatomie animale

LES PROPORTIONS
Un cheval parfaitement proportionné doit avoir des régions particulières d'égale grandeur. Les mesures en bleu doivent se correspondre, de même que celles en gris et en rouge.

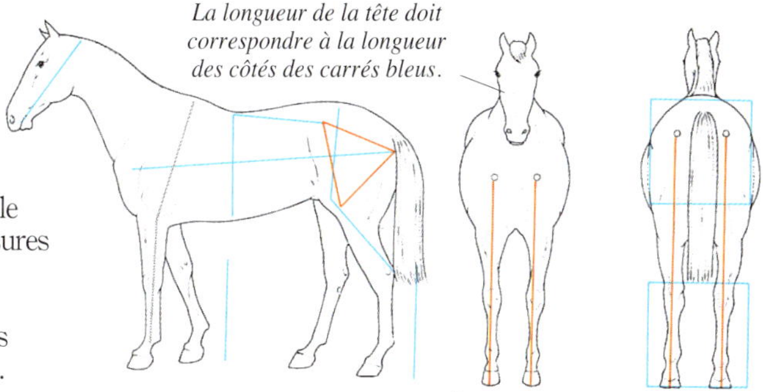

La longueur de la tête doit correspondre à la longueur des côtés des carrés bleus.

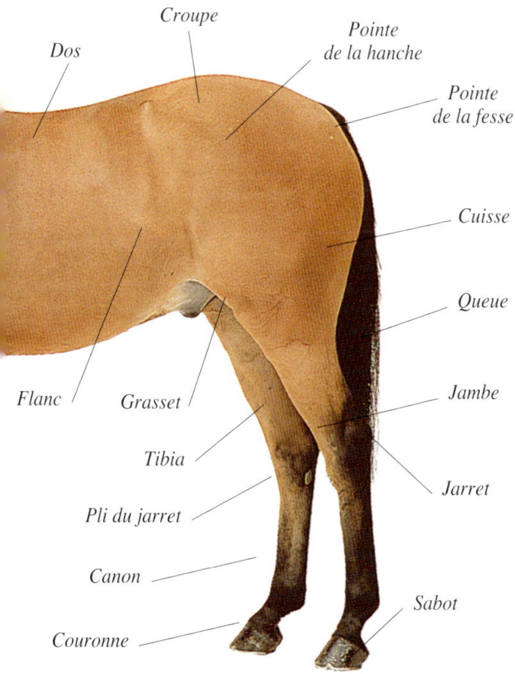

LES APLOMBS
De face, une ligne qui part de l'épaule doit passer par le milieu du genou, du boulet et du pied antérieur. Une ligne droite doit traverser verticalement chaque membre postérieur.

LE SAVIEZ-VOUS ?

- La tête et le corps du cheval sont aérodynamiques, ce qui réduit la résistance à l'air.
- Un cou long et des épaules bien galbées révèlent un cheval de selle rapide.
- La grandeur des yeux est signe d'une bonne vue, mais aussi de calme et d'intelligence.

Squelette et muscles

Le long de la colonne vertébrale, ou épine dorsale, se trouve la moelle épinière qui transmet l'influx nerveux du cerveau au reste du corps. Lorsque le cheval veut faire un mouvement, le message part du cerveau, circule le long de la moelle épinière jusqu'au muscle approprié, par l'intermédiaire des nerfs.

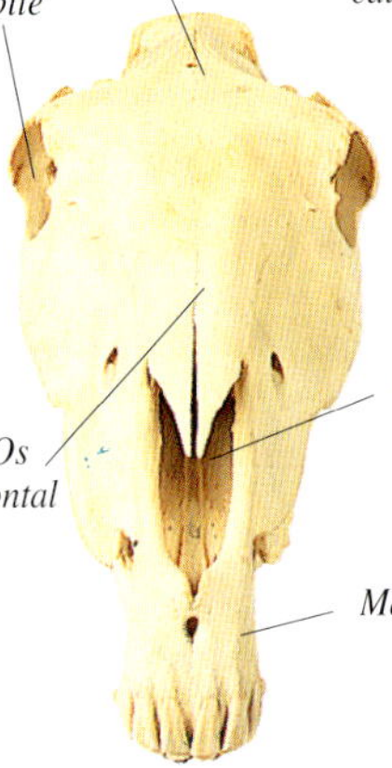

LE CRÂNE
Le crâne est constitué de 34 os. Sa forme allongée fournit l'espace nécessaire aux dents larges et profondément enracinées de l'animal.

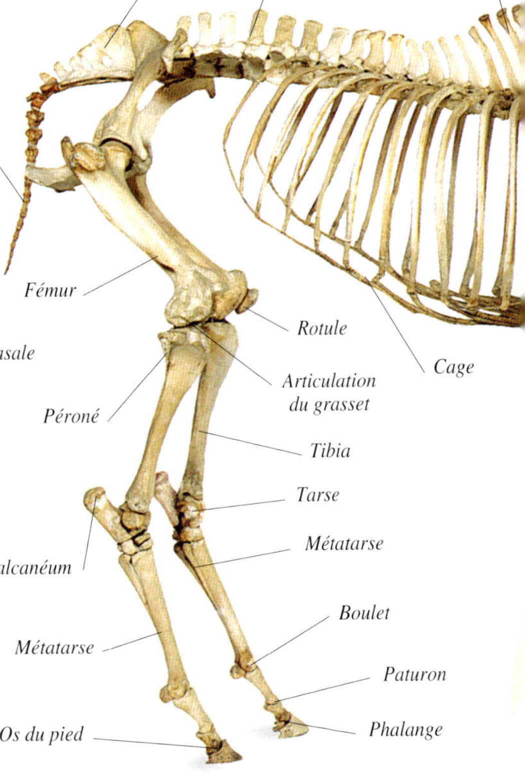

Le squelette

C'est une charpente solide, mais flexible, d'environ 250 os qui soutiennent et protègent les tissus. Les vertèbres garantissent la fermeté et la solidité du corps.

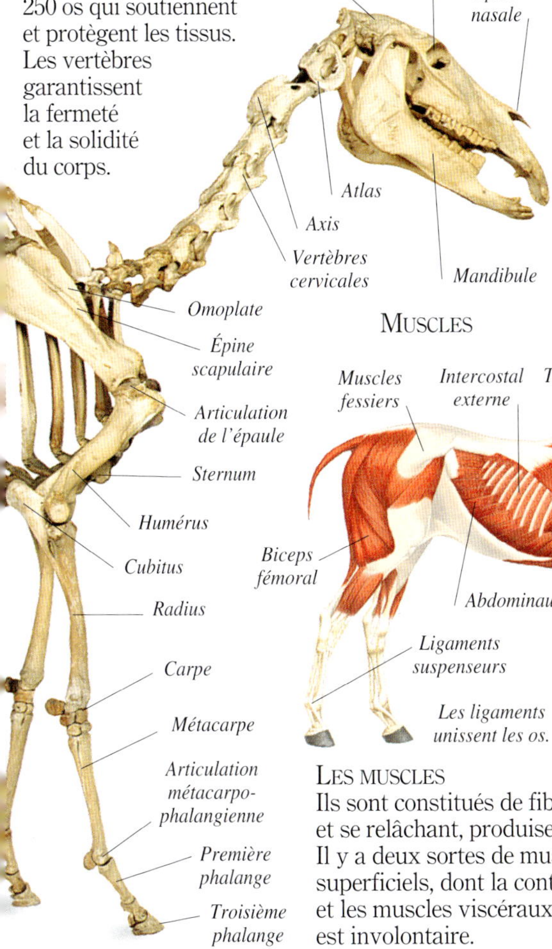

Le saviez-vous ?

- Les ligaments et les tendons des membres antérieurs atténuent les chocs.
- La forme du cheval est déterminée par la disposition et le développement des muscles.
- On fait parfois nager les chevaux pour renforcer les muscles fatigués ou blessés.

Muscles

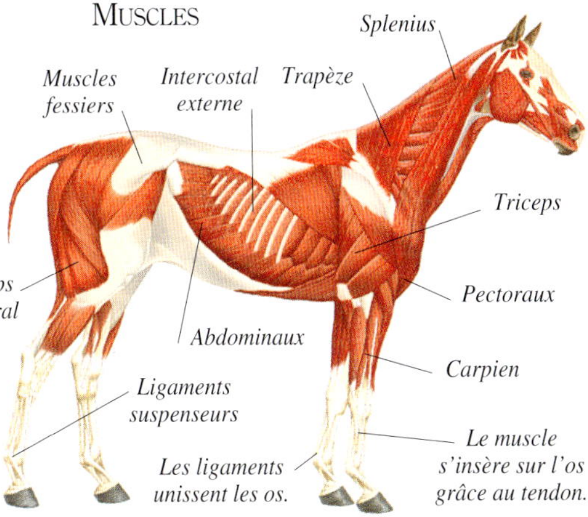

Les muscles

Ils sont constitués de fibres qui, en se contractant et se relâchant, produisent le mouvement. Il y a deux sortes de muscles : les muscles superficiels, dont la contraction est volontaire, et les muscles viscéraux, dont la contraction est involontaire.

Les robes

Les chevaux présentent une grande variété de couleurs, de dessins et de marques. Certaines races comprennent des chevaux de différentes couleurs. Des chevaux, comme le Palomino, sont définis comme race par la couleur de leurs robe, crinière, queue.

ROBE UNIQUE
La robe rayée du zèbre est constituée de rayures noires sur fond blanc.

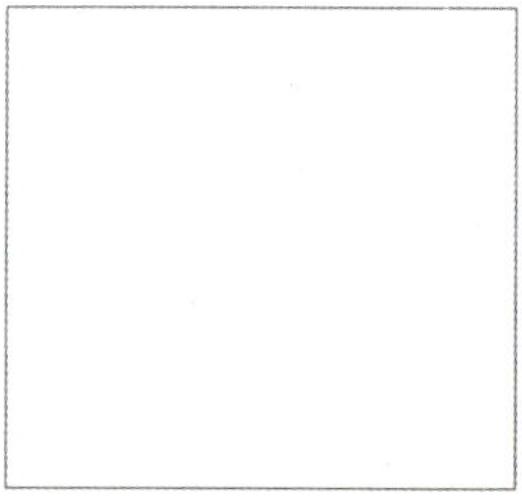

GRIS CLAIR
Mélange de poils noirs et blancs, sur peau noire.

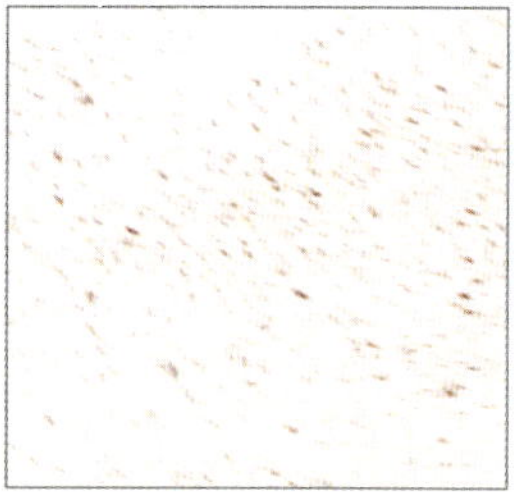

GRIS MOUCHETÉ
Robe grise à petites taches noires éparses.

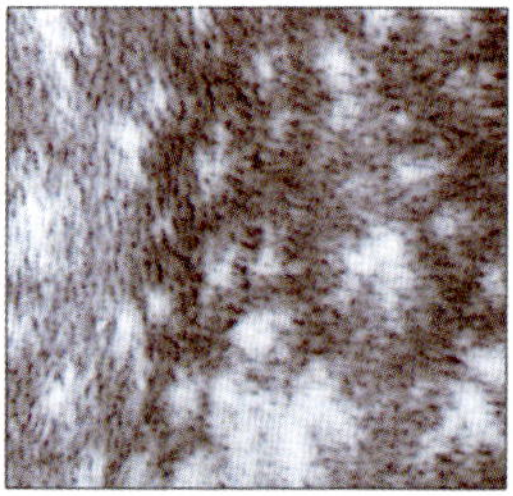

GRIS POMMELÉ
Avec des touffes blanches arrondies.

PALOMINO
Doré, crinière et queue blanches ; très peu de noir.

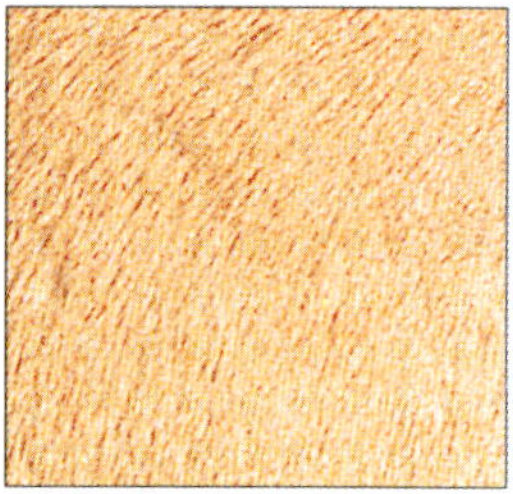

ALEZAN
Poils du jaune doré au roux doré.

ALEZAN FONCÉ
La nuance la plus foncée de l'alezan.

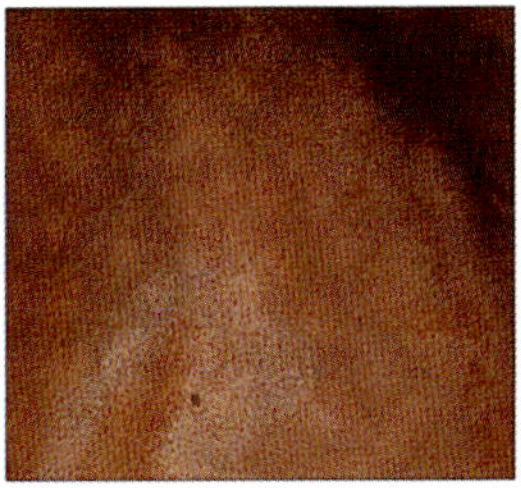

Bai
Robe rouge-brun, queue et crinière noires.

Brun
Noir et brun, crinière, queue et pattes noires.

Noir
Noir franc, avec parfois des petites marques blanches.

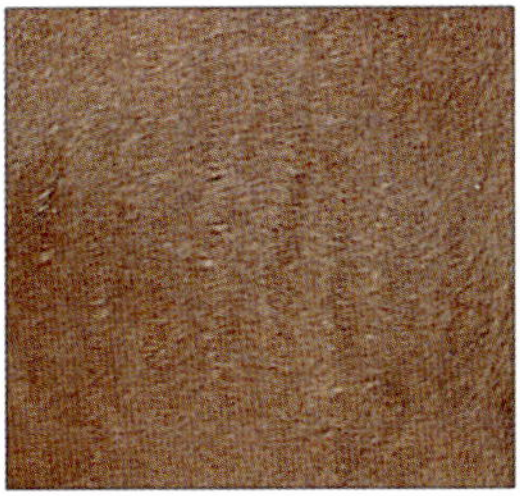

Rouan vineux
Rouan à prédominence de rouge.

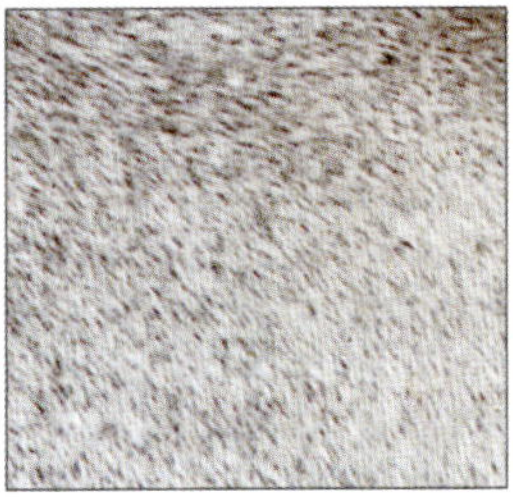

Rouan clair
Robe claire, à prédominance de blanc.

Louvet
Jaune, bleu, ou brun-souris.

Moucheté
Robe appelée appaloosa, avec petites taches.

Bai/Alezan pie
Taches blanches sur fond bai ou alezan.

Noir pie/Pie blanc
Fond noir à taches blanches et inversement.

Dessins et marques

Les marques, naturelles ou accidentelles, permettent de distinguer les sujets. Les marques naturelles sont souvent des zones de poils blancs sur la tête, les jambes et les sabots. Les marques accidentelles sont le résultat de blessures ou d'une pratique vieille de plus de 2000 ans, le marquage, permettant parfois de retrouver un cheval volé.

LES MARQUES SUR LA TÊTE
Alors qu'on identifie certaines races par la robe, les marques de la tête permettent d'identifier les individus. Voici les marques les plus fréquentes (ci-dessous) :

ÉTOILE PROLONGÉE

BUVANT DANS LE BLANC

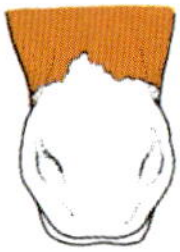

LISTE ENTRE LES NASEAUX

MARQUES LABIALES

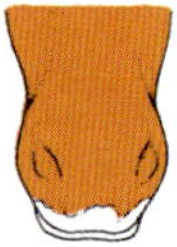

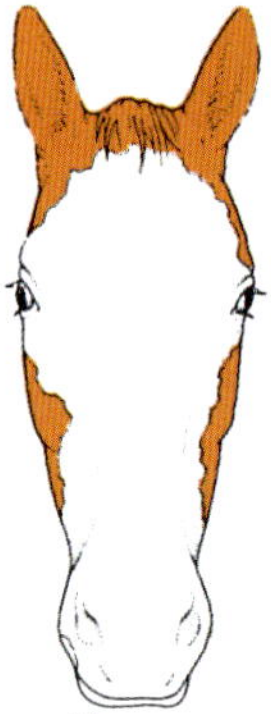

MASQUE

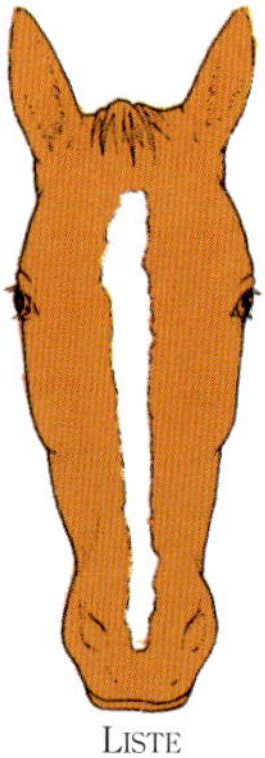

LISTE

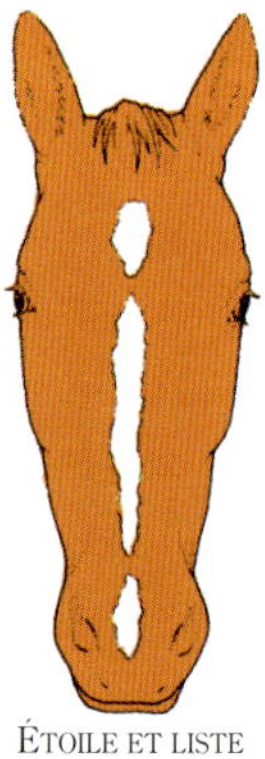

ÉTOILE ET LISTE

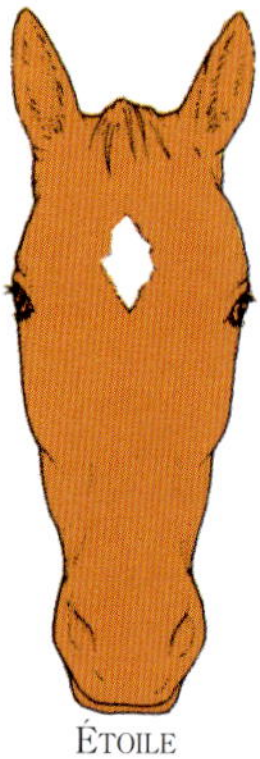

ÉTOILE

TRACE

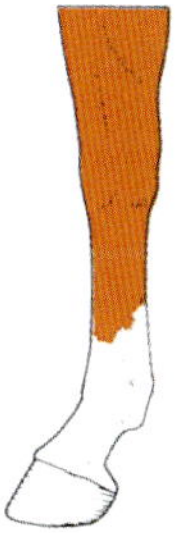

CHAUSSÉE

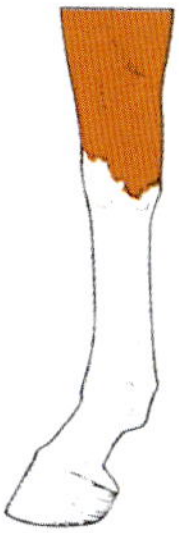

HAUT-CHAUSSÉE

TIGRÉE

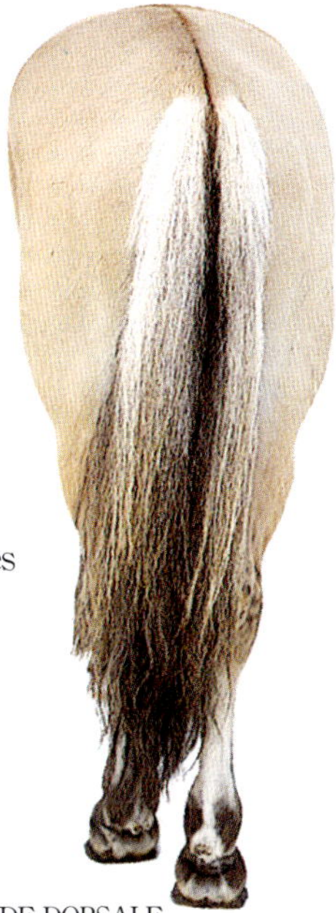

LES BALZANES
La trace de balzane est située juste au-dessus du sabot, la balzane chaussée couvre tout le pied et la balzane haut-chaussée se prolonge au-dessus du genou. Les balzanes tigrées sont des zébrures brunes transversales.

LES MARQUES SUR LES SABOTS
Le sabot bleu, en corne dure, est souvent associé au poney. Les sabots à bandes verticales noires et blanches appartiennent aux Appaloosas et autres races tachetées.

SABOT BLEU

SABOT RAYÉ

BANDE DORSALE
La raie de mulet, bande sombre courant du garrot jusqu'à la queue, est un attribut des races primitives aux robes louvet ou isabelle, comme le Tarpan.

LE MARQUAGE
Le marquage s'effectue par application d'un fer chaud ou gelé qui empêche la repousse du poil. Il permet d'identifier les propriétaires et, parfois, les races.

MARQUAGE À CHAUD

MARQUAGE À FROID

Les allures

Les allures du cheval sont le pas, le trot et le galop. Une quatrième allure, l'amble, aujourd'hui méconnue, est un déplacement lent par bipèdes latéraux. Du pas, l'allure la plus lente, le cheval peut accélérer, passer au trot et au galop. Chacune de ces allures comporte deux phases, le lever et l'appui.

L'action

Pour avancer, le cheval replie ses jambes antérieures à hauteur du genou en tendant la partie inférieure du membre devant lui et pose successivement chaque pied sur le sol. Ce mouvement, appelé action, varie selon les races.

Au pas le cheval avance à 8 km/h ; au galop, il atteint 70 km/h.

L'inclinaison des épaules a une influence directe sur l'action.

Le cheval peut changer de jambe directrice à mi-galop.

Au pas

Le pas est une allure machée à quatre temps. Chaque pied quitte le sol un par un. Les foulées, égales, ont une longueur qui dépend de la taille du cheval et de son action.

LE SAUT

Ce sont les membres postérieurs qui donnent l'impulsion vers l'avant et vers le haut. En plein saut, le cheval replie ses jambes et retombe en posant sur le sol l'un de ses pieds antérieurs, immédiatement suivi de l'autre.

Les pattes sont repliées sous le corps pour éviter l'obstacle.

Le cheval saute instinctivement par-dessus les obstacles.

RAPIDE ET RÉSISTANT

Le Criollo argentin est considéré comme l'un des chevaux les plus robustes. Descendant des chevaux espagnols, il possède des articulations résistantes et un pied bien fait.

Un poulain peut suivre sa mère quelques heures après sa naissance.

LE SAVIEZ-VOUS ?

- Le poney lève les pattes très haut, ce qui donne une “allure relevée”.
- Le cheval léger plie à peine les genoux, pouvant ainsi couvrir plus de terrain à chaque foulée.
- L'amble était l'allure réservée aux dames du Moyen Âge. C'est l'allure des chevaux qui se déplacent dans les pays sablonneux.

L'ALIMENTATION

Le cheval est un herbivore. À l'état sauvage, les chevaux survivent en mangeant exclusivement de l'herbe, lorsque les pâturages sont assez étendus. En hiver, quand il fait froid et que la nourriture se fait plus rare, ils s'affaiblissent mais reprennent du poids en été.

LA PREMIÈRE NOURRITURE SOLIDE
Le poulain mange une nourriture solide à six semaines.

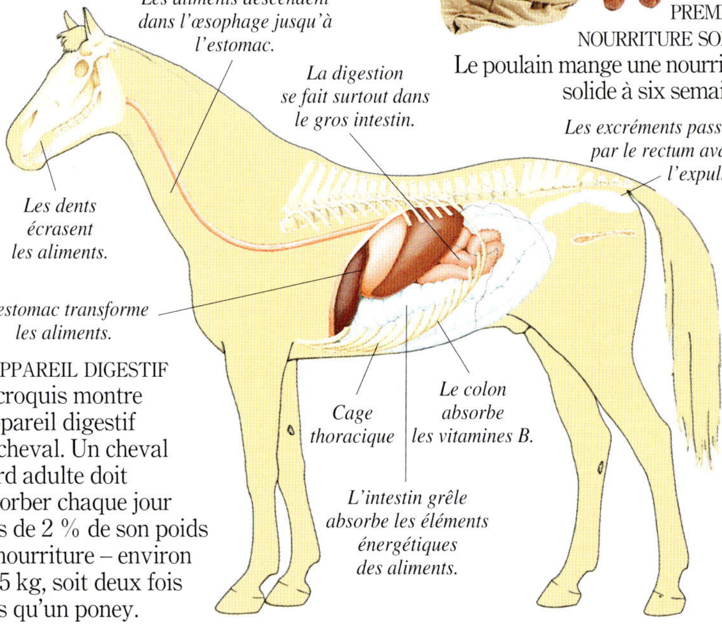

L'APPAREIL DIGESTIF
Ce croquis montre l'appareil digestif du cheval. Un cheval lourd adulte doit absorber chaque jour près de 2 % de son poids en nourriture – environ 12, 5 kg, soit deux fois plus qu'un poney.

Dents et mâchoires

Paître use les dents de lait du poulain. Elles tombent et, jusqu'à l'âge de 5 ans, sont remplacées progressivement par les dents définitives, au nombre de 40. Les incisives coupent la nourriture en petits morceaux que les molaires broient pour faciliter la digestion.

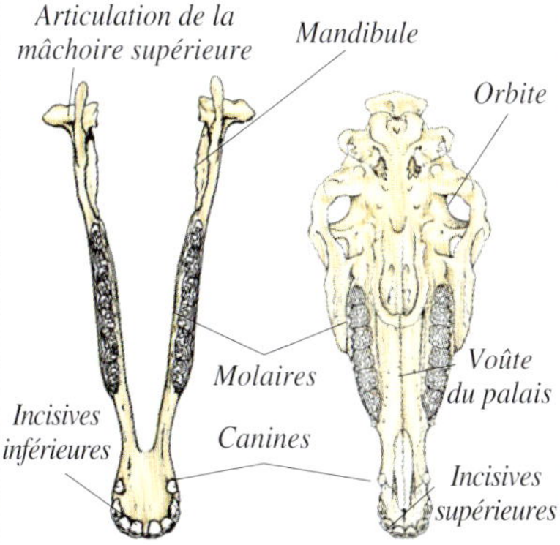

Mâchoire inférieure — Mâchoire supérieure

Un régime équilibré

Une alimentation équilibrée en vitamines et en minéraux garantit à l'animal une bonne santé et une parfaite condition physique. Il doit manger souvent, mais en petites quantités, et en buvant pour éviter la déshydratation.

Le saviez-vous ?

- La belladonne, la fougère et la jacobée, même en petite quantité, peuvent empoisonner le cheval. Il faut donc les arracher des pâturages.
- Il faut attendre 15 jours avant qu'un cheval puisse manger une herbe qui a subi une pulvérisation chimique.

LE COMPORTEMENT

Le cheval domestique actuel se comporte sensiblement comme son ancêtre sauvage. Il préfère toujours vivre en groupe. Son comportement résulte en grande partie de la façon dont il communique avec ses congénères.

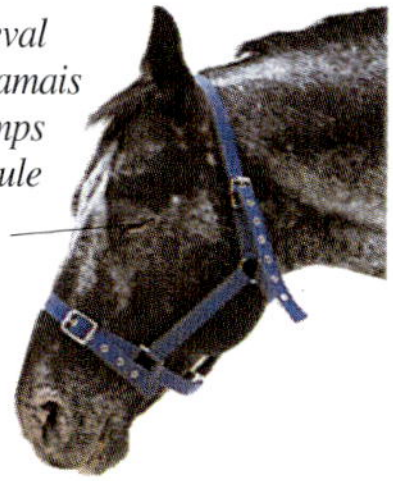

Le cheval ne dort jamais longtemps d'une seule traite.

LE SOMMEIL
Le cheval peut dormir debout. À l'état sauvage, cela augmente ses chances contre les prédateurs.

LES OREILLES
La position des oreilles renseigne sur l'humeur du cheval. Pointées vers l'avant, c'est un signe de curiosité. Une oreille tournée vers l'avant, l'autre vers l'arrière, c'est la perplexité.

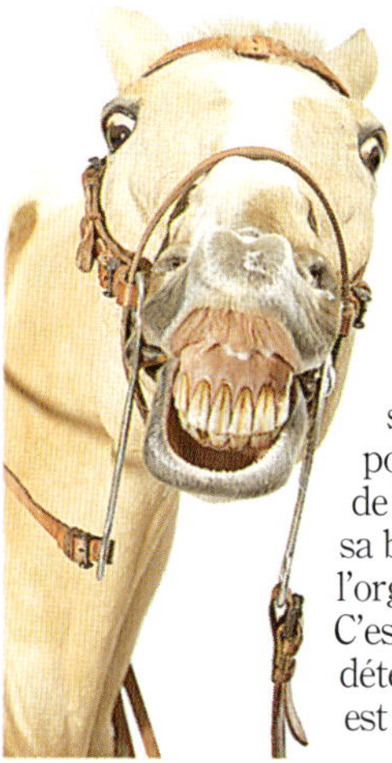

LE RENIFLEMENT
Lorsqu'une jument s'approche d'un étalon, celui-ci retrousse sa lèvre supérieure pour faire entrer de l'air dans sa bouche, jusqu'à l'organe de Jacobson. C'est ainsi qu'il détecte si la jument est prête à s'accoupler.

SHIRE

LA TOILETTE MUTUELLE
Elle est signe de bonne entente. Les chevaux se frottent avec leur museau et se mordillent les poils du dos, parfois pendant plusieurs minutes.

UNE TOILETTE MUSCLÉE
De retour au pré, le cheval se roule souvent dans l'herbe. C'est un moyen de faire travailler ses muscles dorsaux et de nettoyer sa robe.

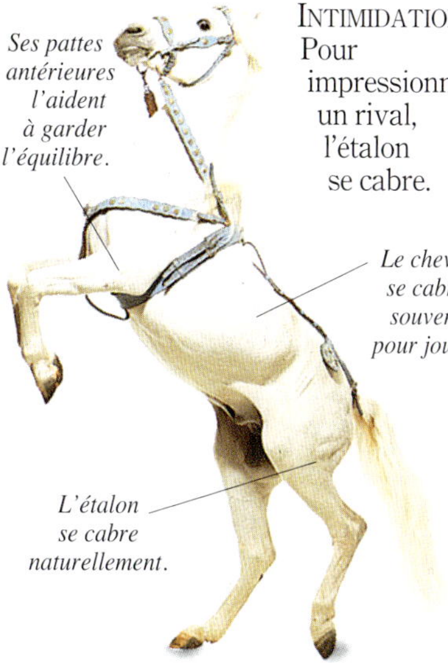

INTIMIDATION
Pour impressionner un rival, l'étalon se cabre.

PONEY SHETLAND

LE SAVIEZ-VOUS ?

- Les chevaux hennissent pour communiquer entre eux.
- La queue sert davantage à chasser les mouches qu'à communiquer.
- Nerveux, le cheval piaffe : il frappe le sol avec ses pattes antérieures.
- Les oreilles sont très mobiles et peuvent faire un tour complet sur elles-mêmes.

LE DÉVELOPPEMENT

La jument peut pouliner dès l'âge de trois ou quatre ans. Après l'accouplement, il faudra attendre presque un an pour la naissance, et de deux à cinq ans (selon les races) pour que le poulain devienne adulte. Le cheval a une espérance de vie d'environ 25 ans.

La reproduction

La jument peut s'accoupler à peu près toutes les trois semaines, de février à juillet. Pendant ces périodes, qui durent de quatre à six jours – on dit qu'elle est en chaleur –, elle est prête à accepter l'étalon.

L'ACCOUPLEMENT
Le comportement de la femelle en chaleur se modifie et elle recherche davantage la compagnie des autres chevaux.

La jument pouvant ruer, l'étalon s'en approche doucement.

LE SAVIEZ-VOUS ?

- La gestation est plus longue lorsqu'il s'agit d'un poulain mâle.
- Le ventre de la jument pleine s'arrondit vers le cinquième mois, et il s'affaisse quand elle est sur le point de mettre bas.
- La jument peut pouliner à deux ans, mais c'est rare (et déconseillé).
- La naissance de jumeaux est rare.

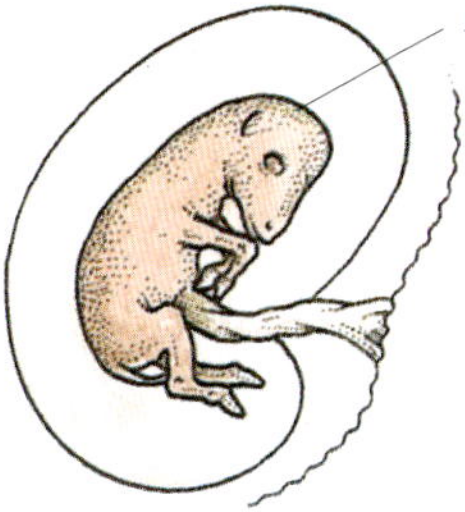

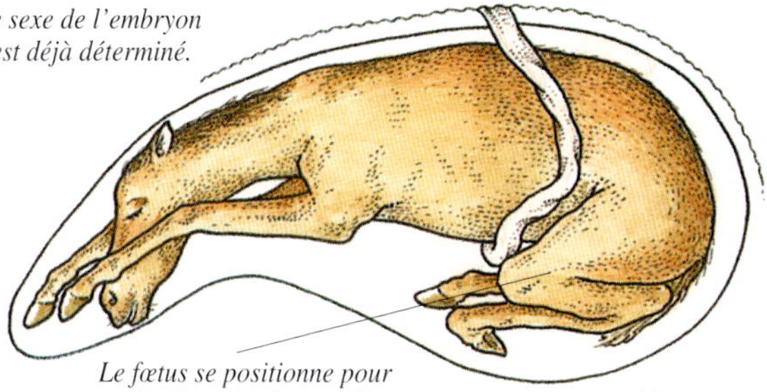

Le développement de l'embryon

La gestation dure environ 11 mois. Le développement du fœtus se produit dans la première phase, la croissance a lieu vers la fin. À la naissance, le poulain mesure au moins 109 cm et peut peser jusqu'à 49 kg.

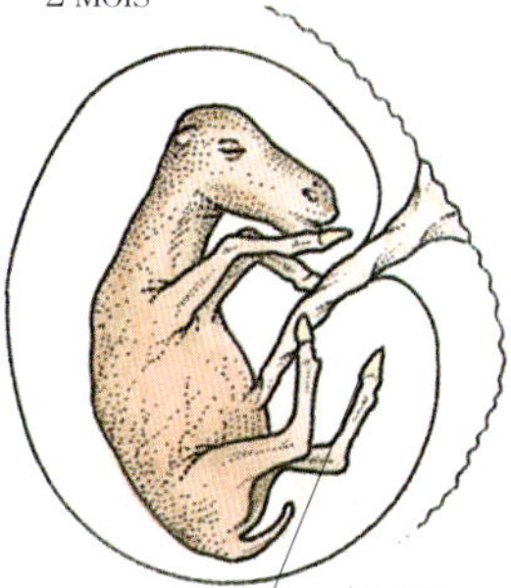

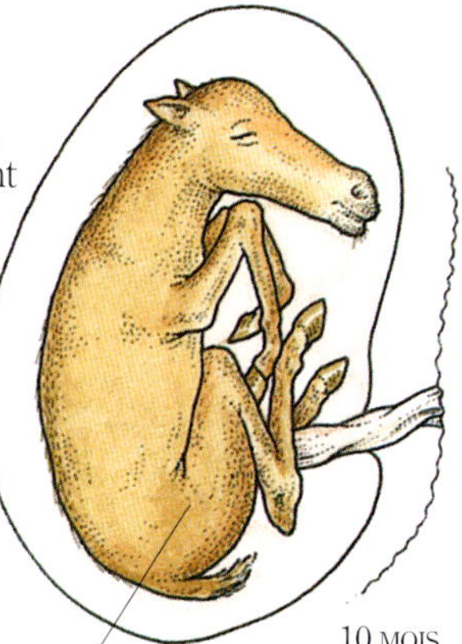

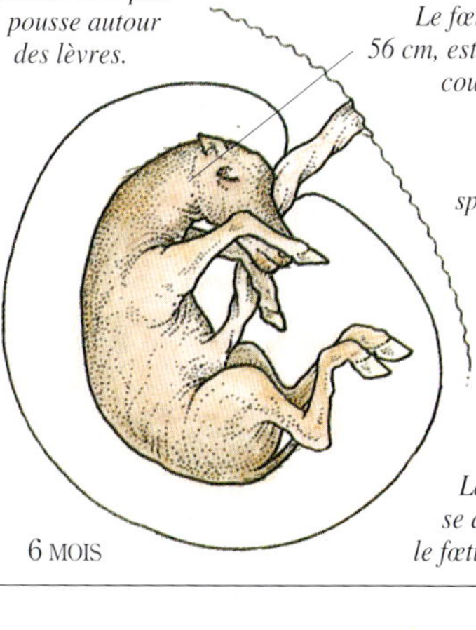

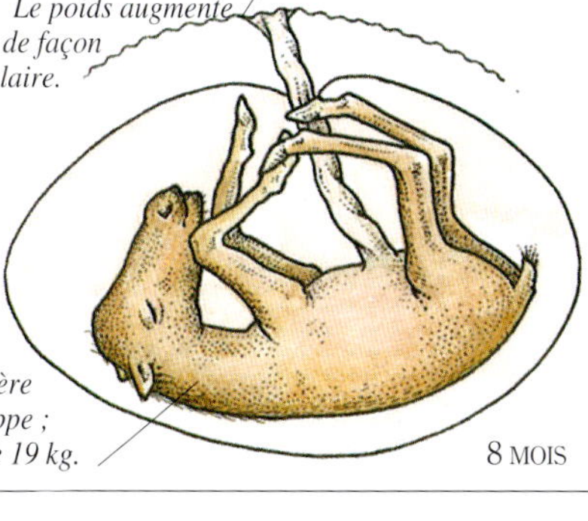

La croissance

La mise bas se produit en général au début de l'été, quand l'herbe et la nourriture, abondantes, permettent à la mère d'allaiter. Le jeune poulain, peut se débrouiller seul dès 6 mois. Sa maturité connaît un plein épanouissement entre 5 et 15 ans.

1 LE NOUVEAU-NÉ
Le poulain tient sur ses pattes au bout d'une demi-heure. Sa mère ne le quitte pas des yeux.

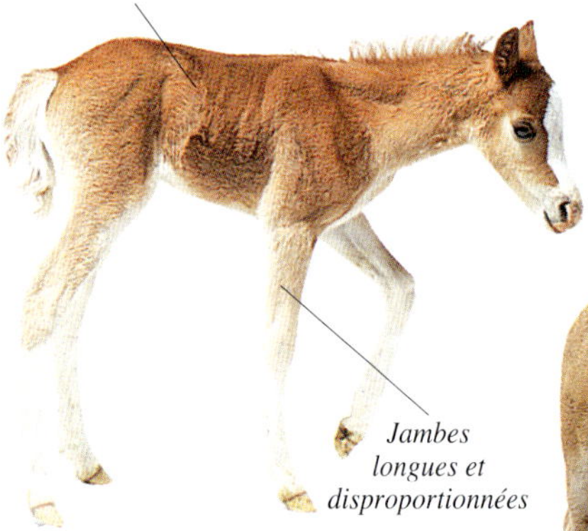

2 À DEUX SEMAINES
Au bout de deux semaines, le poulain est habitué à marcher. Mais il a du mal à tenir ses jambes droites et, pour ne pas perdre l'équilibre, il garde les pattes postérieures légèrement écartées. Les sabots sont petits et tendres, la queue, courte et touffue, et la crinière, légère et duveteuse, est dressée.

3 À CINQ SEMAINES
Le poulain a encore un poil doux et laineux, dit poil de lait. La partie supérieure des membres s'allonge, ce qui lui permet de se tenir droit sur ses jambes.

4 À HUIT SEMAINES

Les deux premiers mois, le poulain se nourrit exclusivement du lait de sa mère. Ensuite il commence à manger de l'herbe jusqu'au sevrage complet, à environ six mois. Au bout de deux mois, il perd son poil laineux, qui est remplacé par le poil définitif.

L'arrière-train se muscle.

La digestion se modifie au moment du sevrage.

Les muscles se renforcent.

5 À QUATRE MOIS

Le poulain a atteint ses proportions d'adulte. Le cou et la queue se sont allongés. Les membres se solidifient à mesure que les muscles se développent, et les sabots durcissent.

LE SAVIEZ-VOUS ?

- Juste après la naissance, le poulain tremble pour maintenir la température de son corps.
- Le colostrum, le premier lait de la mère, possède des anticorps destinés à protéger le nouveau-né des infections.
- Après le sevrage, les éleveurs donnent souvent des aliments concentrés et des vitamines aux poulains.

Les différents emplois

Malgré la mécanisation, on trouve encore des chevaux qui travaillent dans les villes, les forêts et les exploitations agricoles. Aux sports équestres traditionnels, les courses de plat et d'obstacles, toujours populaires, il faut maintenant ajouter les randonnées à cheval.

Des travailleurs de force

Le cheval est utilisé dans les forêts car il cause moins de dégâts que le tracteur. Dans les pays en voie de développement, il est particulièrement apprécié car facile à élever. Si le cheval-guerrier a fait son temps, il continue d'agrémenter les cérémonies officielles, et la police montée reste irremplaçable.

LES TRAINS DE MULETS
Même en cette fin de XXe siècle, le mulet est idéal comme animal de bât dans des régions accidentées. On l'utilise encore en Inde, en Chine et dans le Sud-Est asiatique.

L'entraînement des chevaux de la police londonienne dure 40 semaines.

@ Animal domestique

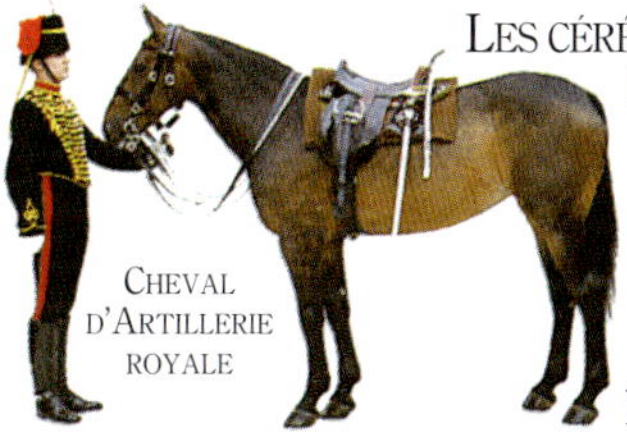

CHEVAL D'ARTILLERIE ROYALE

LES CÉRÉMONIES OFFICIELLES

De nombreux pays utilisent encore le cheval dans les cérémonies officielles. Cette coutume date du temps où, pendant les guerres, il tirait les pièces d'artillerie.

LE SAVIEZ-VOUS ?

- Aux États-Unis, il y a plus de chevaux de selle destinés aux loisirs qu'au gardiennage des troupeaux.
- La police montée est plus répandue en Inde que dans n'importe quel autre pays.
- Dans les forêts canadiennes, les chevaux lourds transportent les arbres abattus.

LES CHEVAUX DE LA POLICE

Aujourd'hui, beaucoup de villes ont leur police montée. Le cheval permet au cavalier de se déplacer facilement et de dominer la situation.

Un cheval de la police travaille pendant près de 14 ans.

CHEVAUX ET CAVALIERS DE LA POLICE BRITANNIQUE EN TENUE DE PARADE

Aux États-Unis, les poneys gardiens de troupeaux mesurent en moyenne 1,50 m au garrot.

QUARTER HORSE

LES GARDIENS DE TROUPEAUX

En Amérique du Nord et en Australie, l'homme utilise le cheval pour garder les troupeaux, comme il y a plus de 6 000 ans.

Le cheval, le sport et les loisirs

Depuis la fin de la Seconde Guerre mondiale, le cheval participe de plus en plus aux loisirs. Les courses de chevaux sont toujours aussi populaires, et l'intérêt pour les concours hippiques et le dressage s'est développé grâce à la télévision. Plus récemment, le tourisme équestre est né du besoin d'évasion des citadins.

LE POLO
Originaire de Chine, le polo, déjà pratiqué il y a 2 500 ans, pouvait alors rassembler jusqu'à 1 000 joueurs. Aujourd'hui les cavaliers sont divisés en deux équipes de quatre.

LE DRESSAGE
En cinq minutes, une présentation de dressage permet d'apprécier la maîtrise du cavalier et les performances de l'animal. Cette discipline a beaucoup de succès.

Équitation

LES COURSES DE CHEVAUX
Elles font partie d'une vaste industrie internationale. Cette statue, érigée dans le Kentucky Horse Park, aux États-Unis, représente le célèbre Man O'War ou Big Red, qui, sur 21 courses, n'en a perdu qu'une seule. En 1947, plus de 1 000 personnes ont assisté à ses funérailles.

LE SAVIEZ-VOUS ?

- La course la plus longue, le Palio, se déroule à Sienne, en Italie, depuis le XIIIe siècle. Le cheval gagnant assiste au banquet organisé après la course.
- La première course d'obstacles s'est déroulée en 1830 à St. Albans, en Angleterre.

Le cavalier apprend à se servir des rênes.

De nombreux poneys sont destinés aux écoles d'équitation.

Les débutants montent les chevaux bien dressés.

DES VACANCES ÉQUESTRES
Des centres de vacances équestres proposent des randonnées pouvant durer d'une journée à une semaine. Le plus souvent guidées, elles exigent un minimum d'expérience et permettent de découvrir des paysages magnifiques et inaccessibles par un autre moyen.

L'ÉQUITATION

Le cheval fut destiné à de multiples tâches. Même avant l'invention de la roue, il était un moyen de locomotion rapide. Il servit de monture aux militaires pendant les guerres, et aux explorateurs à la découverte de régions inconnues.

L'art équestre

Chaque style s'est développé dans un but précis. L'École espagnole a cherché à conserver les techniques des chevaliers du Moyen Âge. Ses aspects les plus pratiques sont encore utilisés par les gardiens de troupeaux.

Selle haute offrant la sécurité.

Étrier à fond plat en métal

Le mors "Kimblewick Pelham" doit être utilisé en douceur.

L'ÉCOLE ESPAGNOLE
Fondée sur la recherche de l'équilibre, la tenue du cheval et la complète harmonie entre l'animal et le cavalier, elle annonce le dressage moderne.

Les deux rênes sont tenues d'une seule main.

LE STYLE "WESTERN"
C'est celui des colons espagnols, transformé par les cow-boys américains qui passaient pratiquement leur vie à cheval. Assis plus profondément sur la selle, les cavaliers se fatiguaient moins.

Ourlet de la jupe plombé pour éviter qu'elle se soulève.

LIPIZZAN MONTÉ PAR UNE CAVALIÈRE EN AMAZONE

L'ÉCOLE CLASSIQUE
L'enseignement de l'équitation s'est répandu au XVIe siècle, en Italie.

EN AMAZONE
Cette manière de monter à cheval fit son apparition dans les cours d'Europe il y a plus de 600 ans. Très vite, on considéra qu'il n'était pas convenable pour une femme de monter autrement qu'en amazone.

LE SAVIEZ-VOUS ?

- Jusqu'à la fin du XIVe siècle, les femmes montaient à califourchon.
- Dans la technique classique, on appelle "airs" les sauts et ruades.
- L'École espagnole découle d'un style militaire.

L'équipement

Dans l'Antiquité, les chevaux étaient montés à cru ou avec une couverture, et guidés par une corde attachée à leur mâchoire inférieure. C'est à la fin de l'Empire romain que l'utilisation de la selle commença à se répandre. L'étrier, inventé par les Chinois au Ve siècle, ne fut utilisé en Europe que deux siècles plus tard.

ÉPERON À MOLETTE EN CUIVRE, AMÉRIQUE DU SUD, VERS 1800

MOTIVER L'ANIMAL
Les éperons servent à faire avancer le cheval. Autrefois, très acérés, ils lui entaillaient fréquemment les flancs.

LE MORS
Il s'agit d'une pièce métallique placée dans la bouche de l'animal et qui, attachée aux rênes, permet au cavalier de le diriger.

UN POINT D'APPUI
Les soldats – et les jockeys aujourd'hui – raccourcissaient les étriers pour pouvoir prendre appui sur eux et aller plus vite.

LA SELLE
Elle empêche le cavalier de peser sur la colonne vertébrale du cheval. Aujourd'hui, la plupart des selles sont fabriquées sur mesure.

La sellerie moderne

On appelle sellerie l'ensemble des selles et des harnais. Les progrès des techniques de fabrication et des matériaux ont amélioré cet équipement.

Le saviez-vous ?

- Les premiers mors ressemblaient beaucoup à ceux utilisés pour les bœufs.
- Les selles médiévales avaient des troussequins surélevés, permettant aux chevaliers d'être bien calés durant les combats.

LES PONEYS

PRÉSENTATION DU PONEY

Le poney et l'homme se côtoient depuis des milliers d'années. Étroitement lié au cheval primitif, plusieurs caractéristiques le distinguent néanmoins des races chevalines actuelles. Il est plus robuste, plus petit – moins de 1,47 m au garrot, avec des pattes courtes par rapport à sa hauteur, et il vit plus longtemps.

UNE RACE GUERRIÈRE
Les guerriers vikings utilisaient le poney malgré sa petite taille.

LES EMPLOIS DU PONEY
Plus fort que le cheval proportionnellement à sa taille, le poney servait autrefois de moyen de transport. Aujourd'hui, il participe à des concours de conduite d'attelage.

CABRIOLET IRLANDAIS DU XIXe SIÈCLE

@ Poney

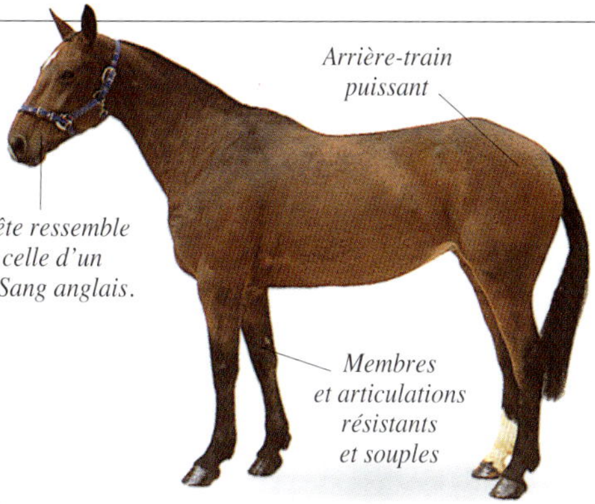

Le poney de polo

C'est un type de poney créé dans un but précis. Le polo exige de l'animal rapidité et sûreté du pied. Les premiers poneys de polo furent obtenus par croisement de Pur-Sang anglais, pour la rapidité, et de poneys, pour la résistance.

Le saviez-vous ?

- Le mot poney vient de l'ancien français *poulenet* qui signifie "petit poulain".
- C'est vers 1600 qu'on commença à envoyer les poneys dans les mines, pour remonter le charbon.
- L'Écossais Robert de Bruce battit une armée anglaise, en 1314, grâce à sa cavalerie légère montée sur des poneys.

Un sabot résistant

Le poney est doté d'un pas plus sûr que le cheval. Il a des sabots résistants et se blesse rarement. Sa robustesse lui vient de ses ancêtres, adaptés au froid humide et glacial des landes de l'Europe septentrionale.

SHETLAND

Son nom vient des îles Shetland battues par les vents, au Nord-Est de l'Écosse, où on l'élève depuis plus de 2 000 ans. Ses ancêtres venaient soit du continent soit de Scandinavie. En dépit de sa petite taille, le Shetland est une race robuste et résistante.

GRANDS ET PETITS
Devant le succès grandissant du Shetland, certains éleveurs en ont créé un plus petit, le Shetland miniature, devenu très populaire comme animal de compagnie.

L'HABITAT D'ORIGINE
Comme il n'y avait pas d'arbre sur les îles Shetland, les habitants utilisaient comme combustible la tourbe des landes, que les poneys transportaient jusqu'aux villages.

10 (90 À 106 CM AU GARROT)

UN DESSIN DE THELWELL
Le Shetland est une monture idéale pour les enfants. Mais l'obésité le guette s'il n'est pas monté régulièrement.

LE SHETLAND AMÉRICAIN
Cette race récente, obtenue par croisement de Shetland et de Hackney, ne présente plus qu'une lointaine ressemblance avec son ancêtre insulaire. Le poney américain est plus fin et plus racé.

UNE MONTURE POPULAIRE
Le Shetland est une monture très appréciée. Les articulations des jarrets et des genoux, très souples, lui permettent de se déplacer facilement et sans se blesser sur les terrains rocailleux et accidentés.

HIGHLAND

Le Highland est le plus grand et le plus robuste des poneys britanniques. De petite taille à l'origine, il est aujourd'hui plus fort et plus grand par suite de croisements, au XVIe siècle, avec des Percherons. Plus tard, un apport de sang arabe fit de lui une bonne monture.

PEINTURES RUPESTRES
D'après ce dessin, découvert dans les grottes de Lascaux, le Highland remonterait à la fin de la période glaciaire, il y a environ 14 000 ans, et serait originaire de cette partie de l'Europe.

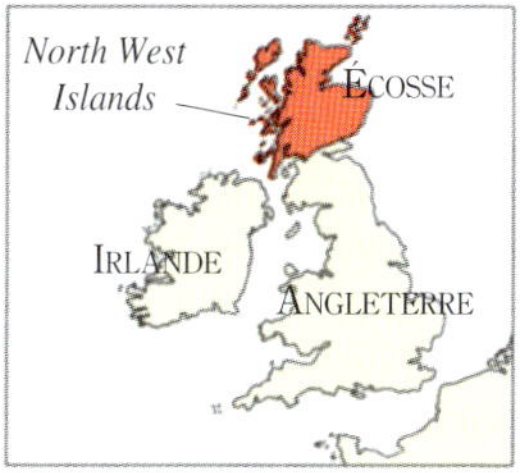

LA TERRE NATALE

Le Highland vit au nord de l'Écosse et dans certaines îles des Shetlands depuis plus de 10 000 ans. On l'emploie dans les travaux forestiers, les randonnées et en attelage léger.

LE SAVIEZ-VOUS ?

- Dans un cirque, un Highland a réussi à porter sept adultes sur son dos, soit 380 kg.
- De nombreux poneys présentent des rayures sinueuses sur le dos et la queue.
- Le Highland a participé aux insurrections jacobites en Écosse, au XVIIIe siècle.

LA ROBE

De plusieurs couleurs. Ce poney louvet a la queue, la crinière et le bas des pattes noirs. Un double pelage épais le protège des intempéries.

Dos court, reins forts

Queue attachée haut, crins fins et soyeux.

Le bas de la jambe est parfois tigré

14 (1,24 À 1,44 M AU GARROT)

Sabots résistants permettant au poney d'affronter les terrains difficiles.

L'INFLUENCE DU CLYDESDALE

Au XIXe siècle, le Highland fut croisé avec le Clydesdale. Mais la rusticité du sujet ainsi obtenu, fut considérée comme inesthétique.

Jambes plus longues que chez la plupart des races lourdes

Fell et Dales

Ces deux races descendent du Frison oriental introduit par les Romains pour la construction, entre l'Écosse et l'Angleterre, du mur d'Hadrien destiné à barrer la route aux envahisseurs nordiques, et achevé en l'an 120. Autrefois utilisés comme animaux de bât dans l'industrie et l'agriculture, ils ont été recyclés dans le tourisme équestre.

UNE ÉDUCATION SÉVÈRE
Le Fell est originaire du versant occidental des Pennines, une chaîne au nord de l'Angleterre, et le Dales, du versant oriental. L'environnement accidenté a forgé deux races robustes et résistantes. Leur pied ferme résiste aux longues marches sur des terrains accidentés. Ils ont un trot rapide et une grande liberté de mouvements.

Le Fell

Plus petit et plus léger que le Dales, il fut longtemps destiné à transporter des chargements de plus de 100 kg. Il peut couvrir jusqu'à 384 km en une semaine. De nos jours, il est surtout considéré comme un cheval de selle.

Le poney Hackney

Cette race a été fixée en 1880. Le Hackney, le Fell, et le Norfolk Roadsters ont concouru à son élaboration.

Au XIXe siècle, le Hackney était attelé à des cabriolets.

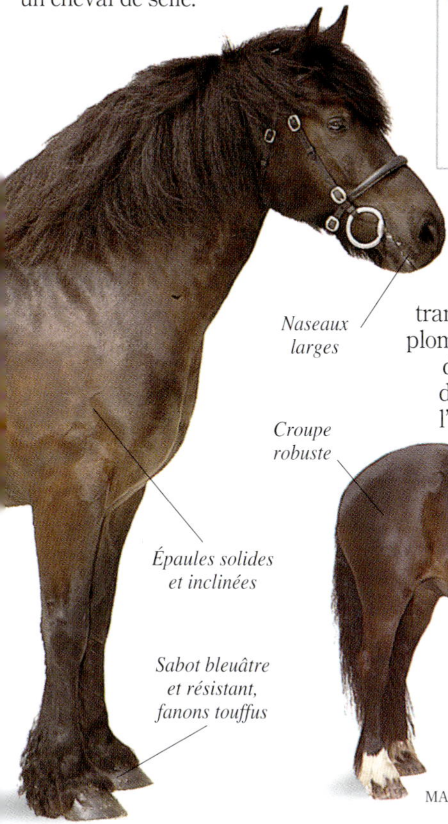

Naseaux larges

Épaules solides et inclinées

Sabot bleuâtre et résistant, fanons touffus

Le Dales

Jadis, le massif Dales était apprécié comme cheval de bât. On l'utilisait dans les mines pour transporter le minerai de plomb jusqu'aux ports d'embarquement du Nord-Est de l'Angleterre.

Croupe robuste

Thorax profond, côtes longues et arrondies

14,2 (1,44 M MAXIMUM AU GARROT)

Exmoor et Dartmoor

Ces deux poneys portent le nom de leurs landes natales du Sud-Ouest de l'Angleterre. L'Exmoor passe pour la plus ancienne race de poneys britanniques et, selon certains, ses ancêtres parcouraient déjà la région il y a près de 4 000 ans. Le premier Dartmoor remonte à 1 000 ans, mais son descendant actuel ne lui ressemble guère.

Des poneys travailleurs
À l'instar de tous leurs congénères, l'Exmoor et le Dartmoor ont longtemps été utilisés comme animaux de bât. Le Dartmoor transportait l'étain de la mine jusqu'à la ville.

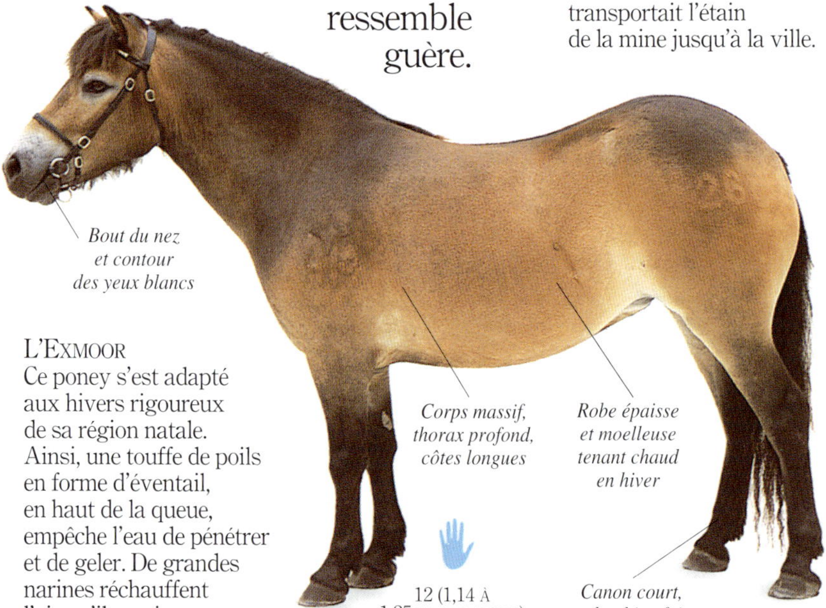

L'Exmoor
Ce poney s'est adapté aux hivers rigoureux de sa région natale. Ainsi, une touffe de poils en forme d'éventail, en haut de la queue, empêche l'eau de pénétrer et de geler. De grandes narines réchauffent l'air qu'il respire.

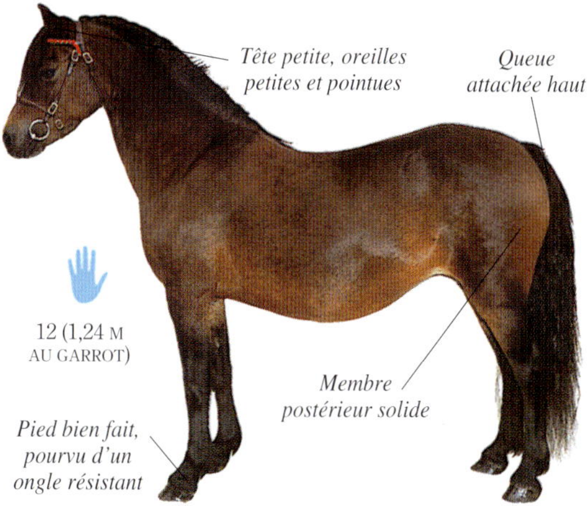

LE SAVIEZ-VOUS ?

- On dit que l'Exmoor a des "yeux de crapaud". Ses paupières tombantes le protègent de la pluie et de la neige.
- Ce poney déteste les chiens, peut-être en raison d'une peur ancestrale des loups qui hantaient sa région natale.
- Le Pur-Sang Exmoor est marqué sur l'épaule gauche d'une étoile et du numéro du troupeau.

LE DARTMOOR

Par suite de croisements, le Dartmoor est aujourd'hui un animal particulièrement élégant. Ne levant pas les genoux aussi haut que d'autres poneys, il est moins fringant et plus facile à monter.

UN ENVIRONNEMENT RIGOUREUX

Le Dartmoor, dans le Devon, est une région marécageuse. Les conditions climatiques y sont rudes et il a fallu que les poneys aient le pied ferme et une nature robuste pour résister. Aujourd'hui, ils ont presque disparu de ces landes.

New Forest

Depuis plus de 1 000 ans, ce poney vit dans une région du même nom, au sud de l'Angleterre, en grande partie recouverte de landes à bruyère. Jusqu'en 1877, les poneys n'y passaient pas l'année car l'herbe n'y était pas suffisante. Aujourd'hui encore, on limite le troupeau à 2 500 individus pour que l'herbe ne s'épuise pas.

Sa tête bien proportionnée reflète l'influence des autres races chevalines.

Le saviez-vous ?

- Il est le deuxième en taille des poneys britanniques de montagnes et de landes.
- En hiver, il se nourrit d'arbustes épineux. Au printemps, il faut l'empêcher de s'égarer dans les marécages où l'attirent les premières pousses d'herbe.
- Des automobilistes irresponsables tuent chaque année 150 poneys.

Les gardiens des New Forest

Les propriétaires, les *Commoners*, ont le droit de faire paître leurs bêtes dans des terrains non clos. Quatre gardiens, dits *Agisters*, rassemblent les poneys à la fin de l'été pour des contrôles de santé.

VENTE AUX ENCHÈRES
Chaque année, une partie du troupeau est vendue aux enchères. La docilité du New Forest fait de lui une monture parfaite pour les enfants.

L'AMÉLIORATION DE LA RACE
Le Pur-Sang New Forest n'existe que depuis 50 ans. Ce poney procède de nombreuses races. Au XIXe siècle, la reine Victoria fit introduire dans la forêt un étalon Arabe, dans l'espoir d'embellir la race.

13 (1,22 À 1,44 M AU GARROT)

Welsh Moutain Pony et Poney australien

On rapproche ces deux races, bien qu'elles vivent aux antipodes l'une de l'autre. Le Welsh Mountain Pony est la plus petite et la plus ancienne des quatre races galloises. Au début du XIXe siècle, beaucoup furent exportés en Australie où ils jouèrent un rôle important dans l'élaboration de la race australienne.

LE WELSH MOUNTAIN PONY
Au XVIIIe siècle, la race fut influencée par un Pur-Sang nommé Merlin. Au Pays de Galles, le mot "merlin" désigne toujours un poney.

LES PONEYS DE LA VALLÉE
Les Welsh Mountain sont encore nombreux dans les vallées galloises.

Le Poney australien

Ce poney ressemble encore beaucoup à son cousin gallois. Sa robe se présente dans toutes les couleurs, sauf pie. En Australie, il est considéré comme une bonne monture.

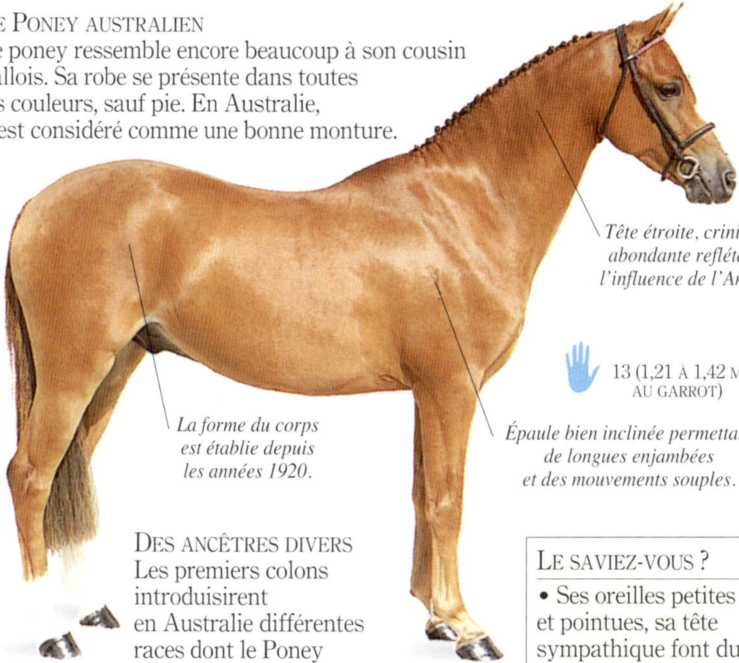

13 (1,21 à 1,42 m au garrot)

Des ancêtres divers

Les premiers colons introduisirent en Australie différentes races dont le Poney australien est issu.

Le saviez-vous ?

- Ses oreilles petites et pointues, sa tête sympathique font du Welsh Mountain Pony un animal séduisant.
- Ses ancêtres remontent à l'époque des Romains.
- La plupart des Poneys australiens sont gris, mais certains sont bai, alezan ou palomino.
- Il se nourrit d'herbe clairsemée et de mousses.

CONNEMARA

Son ancêtre, qui ressemblait au Shetland, était monté dans toute l'Europe par des guerriers et des marchands celtes. Au XVIe siècle, croisé avec le Barbe et l'Andalou, introduits par les marchands espagnols, il donna le Irish Hobby. Son descendant, le Connemara, seul poney originaire d'Irlande, est apprécié pour le tourisme équestre, le dressage et le saut.

SON PAYS

Le poney porte le nom d'une région située dans le comté de Galway, sur la côte nord-ouest de l'Irlande.

LE SAVIEZ-VOUS ?

- Les femelles peuvent mettre bas jusqu'à l'âge de 33 ans.
- Le premier étalon Connemara répertorié, Cannon Ball, a gagné 16 fois de suite une course organisée tous les ans par les fermiers de la région.
- Dans le Galway, ce poney travaillait à la ferme et servait d'animal de bât pour transporter les algues, les pommes de terre, la tourbe et le blé.

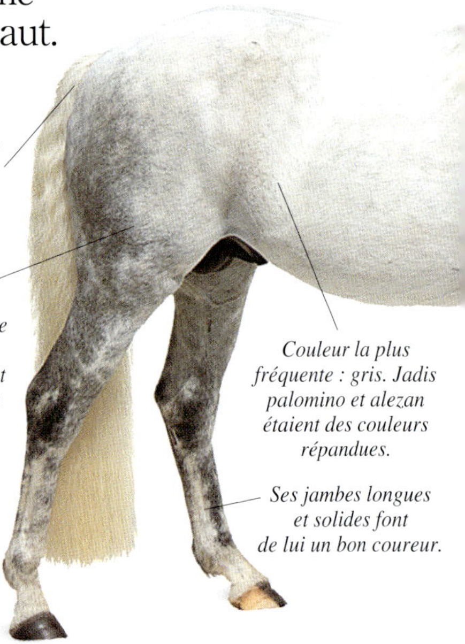

Queue longue, attachée haut

La longueur de la région comprise entre la hanche et le jarret fait de lui un bon sauteur.

Couleur la plus fréquente : gris. Jadis palomino et alezan étaient des couleurs répandues.

Ses jambes longues et solides font de lui un bon coureur.

L'ALIMENTATION ET LA TAILLE

Dans les terrains marécageux irlandais, l'herbe est rare. Le Connemara, transféré dans des pâturages plus riches, a vu sa taille croître. Certains poneys ont été croisés avec des Pur-Sang anglais pour obtenir des races de course.

LE BERCEAU D'ORIGINE

Dans le Connemara, une région sauvage de marécages, de lacs et de montagnes, les poneys sont utilisés dans les fermes depuis des siècles.

Tête petite, au profil rectiligne révélant l'influence de l'Arabe.

L'encolure allongée et l'épaule inclinée en font une bonne monture.

14 (1,32 À 1,44 M AU GARROT)

INFLUENCE DU WELSH COB

Au XIXe siècle, la pauvreté des fermiers irlandais se répercutait sur la santé du poney Connemara. On décida de le croiser avec le Welsh Cob pour renforcer la race.

CHINCOTEAGUE

Grâce à un livre et à un film, ce ravissant poney est devenu l'ami de nombreux petits Américains. Le Chincoteague vit dans deux îles au large de la côte est des États-Unis. Le naufrage d'un navire serait à l'origine de cette race.

UN PETIT CHEVAL
Il est possible que l'ancêtre du Chincoteague ait eu du sang espagnol, mais une nourriture maigre et la consanguinité expliquent peut-être une réduction de taille. Il ressemble d'ailleurs davantage à un petit cheval qu'à un poney.

L'ÎLE D'ACCUEIL

La population d'environ 200 individus, vit principalement sur l'île d'Assateague, devenue parc national. Pour la vente annuelle, à la fin juillet, les poneys sont regroupés et contraints de rejoindre à la nage l'île de Chincoteague. Le lendemain, les invendus refont le chemin inverse.

> **LE SAVIEZ-VOUS ?**
> - En langue indienne, Chincoteague signifie "belle terre traversant les eaux".
> - Ces poneys ont commencé à se faire connaître dans les années 20.
> - Ils sont devenus célèbres aux États-Unis grâce au livre pour enfant *Misty of Chincoteague* (1947) dont on a tiré un film en 1961.

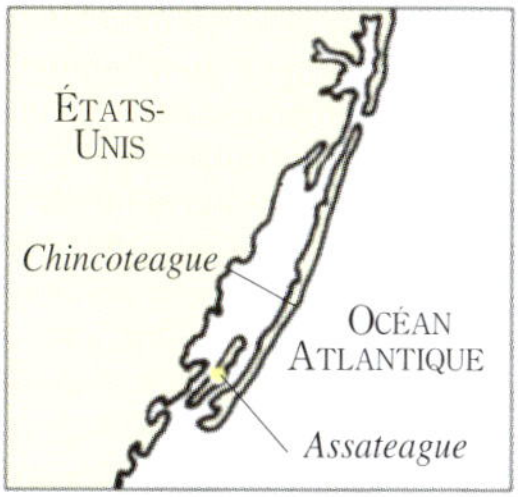

LES ÎLES CHINCOTEAGUE

Les îles de Chincoteague et d'Assateague font face aux côtes de Virginie. L'île d'Assateague s'est séparée du continent en 1933, à la suite d'une violente tempête.

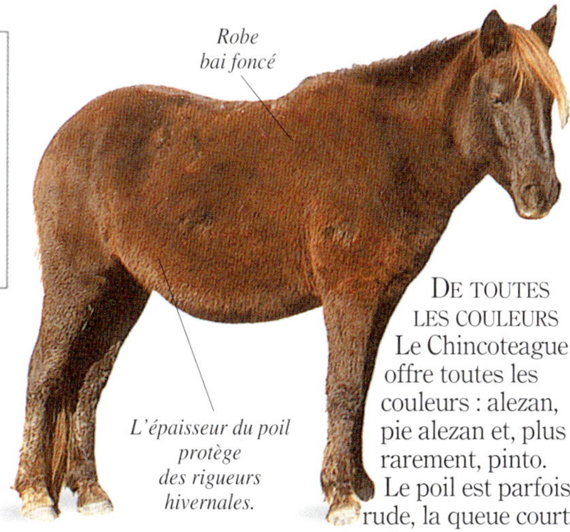

DE TOUTES LES COULEURS

Le Chincoteague offre toutes les couleurs : alezan, pie alezan et, plus rarement, pinto. Le poil est parfois rude, la queue courte et la crinière longue.

HAFLINGER

Ce poney autrichien, originaire d'Hafling, village des monts Etschlander, descend de poneys locaux, de l'Arabe et d'une race alpine lourde, aujourd'hui disparue. Le pur Haflinger, utilisé comme cheval de selle ou de trait, a une robe palomino ou alezane, avec une queue et une crinière blondes.

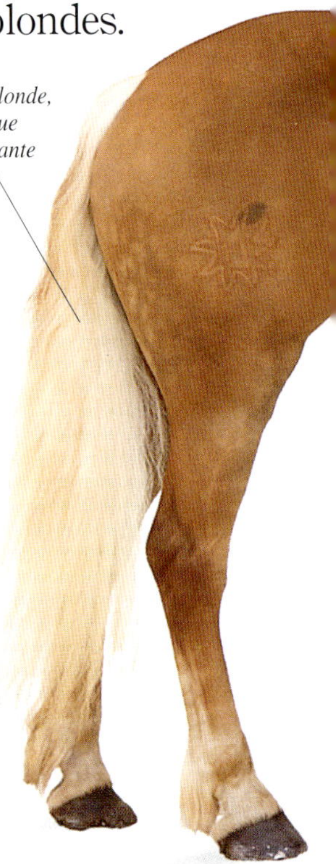

LE SAVIEZ-VOUS ?

- Les jeunes poulains sont élevés dans les pâturages alpins.
- On ne fait pas travailler un Haflinger avant l'âge de quatre ans.
- Il peut vivre plus de 40 ans.

LE NORIQUE

La moitié des chevaux autrichiens sont des Noriques, race développée par les Romains qui les employaient dans l'armée et comme bêtes de somme. Aujourd'hui, le Norique vit au Tyrol autrichien, patrie des Haflinger, où il est utilisé aux travaux agricoles.

EDELWEISS

LA MARQUE
Le Haflinger est surnommé le poney Edelweiss parce que sa marque a la forme de la fleur nationale autrichienne.

Crinière abondante, tête petite et racée qui trahit son sang arabe.

Œil vif

Naseaux larges

Membres courts et solides avec peu de poil autour du paturon.

13 (1,30 À 1,42 M AU GARROT – MÂLE PLUS GRAND QUE LA FEMELLE)

LE HAFLINGER
C'est un poney solidement charpenté, avec une jambe bien faite et des épaules inclinées. Le dos long témoigne de ses aptitudes de poney de bât. Son pied est sûr, sa foulée longue, même sur terrain accidenté.

EN MONTAGNE
L'hiver, dans son Autriche natale, on l'attèle à des traîneaux. Pendant la saison touristique, on le voit souvent tirer des calèches.

PONEY DE LA CASPIENNE

On croyait cette race (Caspian) éteinte depuis plus de mille ans, quand en 1965, on en découvrit un petit troupeau en Iran. Après l'agression par des loups de trois juments et d'un poulain, huit poneys furent envoyés en Grande-Bretagne pour la survie de la race.

Le Caspian a une dent de plus que les autres chevaux.

Épaules inclinées comme celles d'un cheval, donnant une foulée plus allongée que celle des vrais poneys.

11 (96 À 116 CM AU GARROT)

Sabot oval et résistant ne nécessitant aucun ferrage.

LE SAVIEZ-VOUS ?

- La race fut redécouverte en 1965 par une Américaine, Louise L. Firouz.
- Vingt Caspians, découverts en 1970, furent les premiers pensionnaires du haras Nourouzabad près de Téhéran, en Iran.
- En Iran il porte deux noms : Ponseki et Monleki.

UNE MINIATURE

Avec sa petite tête, sa peau fine des races du désert, ses grands yeux, ses larges naseaux, ses oreilles courtes (qui ne doivent pas dépasser 11 cm), il s'agit davantage d'un cheval miniature que d'un poney.

LIEU DE LA DÉCOUVERTE
Son nom vient de la mer Caspienne.

UN HABITAT DÉSERTIQUE
Le Caspian vit dans une région reculée de l'Iran, où les précipitations sont rares et les écarts de température importants. La race est restée pure, car la région est séparée du reste du pays par la chaîne de l'Elbourz.

SCULPTURE ÉGYPTIENNE

L'ANCÊTRE
L'ancêtre du Caspian pourrait être le plus petit des quatre principaux types de chevaux dont sont issues toutes les principales races chevalines. Cet ancêtre, dit Cheval Type 4 (p. 20), vivait en Asie occidentale et ne mesurait probablement pas plus de 90 cm. Des objets égyptiens, vieux de 3 500 ans, sont ornés de représentations de chevaux ressemblant au Caspian.

Queue attachée haut, comme chez l'Arabe.

FALABELLA

Le Falabella est le plus petit poney du monde. Il porte le nom de la famille argentine qui l'a élaboré. Si sa taille évoque le poney, ses proportions le rapprochent du cheval. C'est surtout un animal de compagnie puisque seuls de très jeunes enfants peuvent le monter. Des numéros de cirque le présentent, attelé à des voitures miniatures.

UN CHOIX UNANIME
Malgré son prix élevé, le Falabella, est apprécié dans le monde entier, particulièrement en Amérique du Nord. Sa petite taille permet aux enfants de se familiariser sans crainte avec les chevaux.

LA SÉLECTION PAR LA TAILLE

Le Falabella est le résultat de croisements de poneys sélectionnés pour leur petite taille. Les éleveurs veillent à ce que la pratique n'entraîne pas de dégénérescences. La race est maintenant bien établie, et on essaie d'accoupler des Falabellas de souches différentes.

Il arrive que les membres soient fragiles et les articulations trop rapprochées.

LE SAVIEZ-VOUS ?

- Les premiers chevaux miniatures furent répertoriés en Chine à partir de 206 av. J.-C.
- Le plus petit poney de l'élevage de Julio Falabella : une jument d'à peine 40 cm et d'un peu plus de 12 kg.
- Le Falabella peut tirer vingt fois son propre poids.

L'ORIGINE

En 1860, Newton, un Irlandais, tenta d'améliorer la silhouette de deux chevaux miniatures sud-américains. Son petit-fils, Julio Cesar Falabella, obtint satisfaction, au ranch familial, près de Buenos Aires.

LA ROBE

La valeur du Falabella est souvent déterminée par sa robe. La grande palette de couleurs est un atout supplémentaire. Les robes simples et composées sont admises, mais les plus appréciées sont celles de l'Appaloosa.

Robe brune

Robe baie

PONEY ISLANDAIS

Malgré sa petite taille, on le considère davantage comme un cheval que comme un poney. Originaire de Norvège, il n'a subi aucune influence depuis plus de 1 000 ans, et ressemble donc beaucoup à son ancêtre importé par les Vikings. De nos jours, on l'utilise comme cheval de bât, de selle et de trait léger.

UN MILIEU ARIDE
Le poney islandais continue à courir sur les terres arides d'Islande. Cette race robuste peut affronter les températures des hivers nordiques.

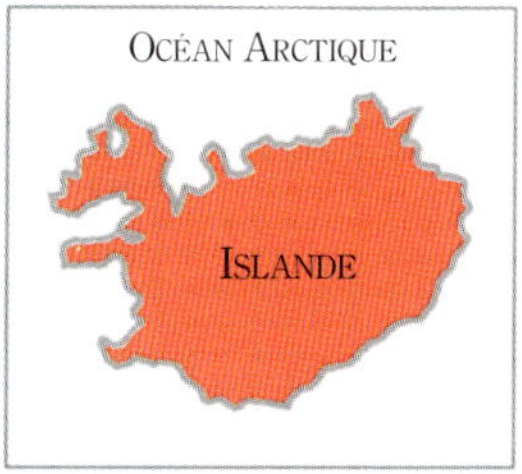

UN ISLANDAIS D'ADOPTION

Il fut introduit en Islande entre 935 av. J.-C. et 860 apr. J.-C. Un siècle plus tard environ, le parlement interdit l'importation d'autres races pour que l'Islandais reste pur.

LE SAVIEZ-VOUS ?

- Les Norvégiens organisaient des combats de chevaux.
- L'Islandais peut présenter 15 couleurs de robes différentes.
- En Islande, il participe à des courses depuis 1874.

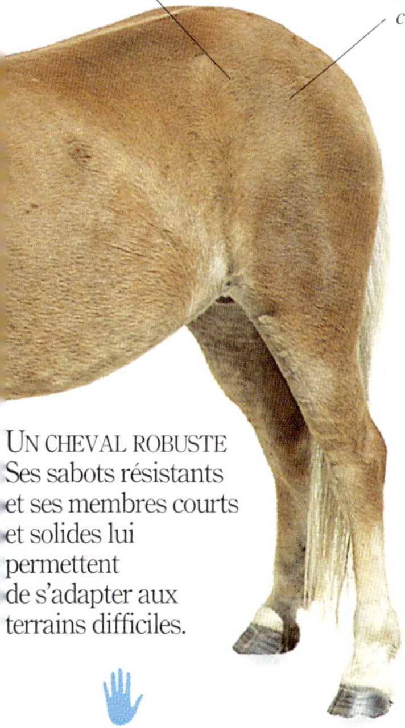

LES NORVÉGIENS

Les ancêtres de l'Islandais arrivèrent de Norvège sur des bateaux, les drakkars.

INFLUENCE DES FJORDS NORVÉGIENS

Avec le Tarpan, ce poney scandinave constitua la base de la race islandaise. Sa robe louvet est parcourue par une rayure sombre qui s'étire du toupet à l'extrémité de la queue.

UN CHEVAL ROBUSTE

Ses sabots résistants et ses membres courts et solides lui permettent de s'adapter aux terrains difficiles.

13 (DE 1,21 À 1,34 M AU GARROT)

2

CHEVAUX LÉGERS

PRÉSENTATION DU CHEVAL LÉGER

Le cheval léger, élancé et athlétique, est rapide et agréable à monter, en raison de ses formes, de ses épaules inclinées et de son dos idéal pour la selle. Jadis apprécié comme monture de cavalerie et comme carrossier, il est employé aujourd'hui dans les activités de loisir. De nombreuses races modernes ont été élaborées dans ce but.

COLORADO RANGER

Corps massif

LA ROBE
Les robes des chevaux légers sont plus variées que celles des poneys et des chevaux lourds. Les taches du Colorado Ranger, purement décoratives, ne se sont pas développées à des fins de camouflage !

LE SAVIEZ-VOUS ?

- Les chevaux légers sont résistants. En 1935, un groupe d'Akhal-tékés a couvert 966 km dans le désert, en buvant très peu.
- Les immenses troupeaux de chevaux nord-américains sont issus de 11 étalons et de 5 juments apportés par les conquistadors espagnols.

En général, les courses de trotteurs se déroulent sur un peu plus de 1,6 km.

LE TROTTEUR ORLOV
Cette élégante race de trotteurs, certes moins rapide que le français et élaborée en Russie au XVIIIe siècle, illustre bien l'endurance et la rapidité des chevaux légers.

@ Cheval léger

LE CHEVAL DE COW-BOYS

Le cow-boy et son cheval symbolisent depuis longtemps l'Ouest américain. Les chevaux légers, vifs et agiles, sont parfaits pour rassembler les troupeaux. Endurants, ils peuvent aussi couvrir de longues distances.

Palomino avec robe dorée, crinière et queue ivoire

Mors de bride américain d'origine espagnole

Jambières protégeant des épines.

LE SHAGYA-ARABE

Le Shagya-Arabe a été créé au haras de Bâbolna, en Hongrie. Au siècle dernier, un étalon Arabe, Shagya, joua un rôle important dans l'élaboration de la race, qui porte aujourd'hui son nom.

Barbe ou Berbère

Les ancêtres de ce cheval de selle vivaient déjà en Afrique du Nord à la dernière période glaciaire. Le Barbe fut introduit en Europe par les Maures, au VIIe siècle.

CARACTÉRISTIQUES DE LA TÊTE
Le nez est presque aussi large que le front. Le crâne étroit ressemble à celui des types primitifs comme *Equus przewalskii.*

LE SAVIEZ-VOUS ?

- Cheval de bataille pendant des siècles, le Barbe est toujours monté par les Berbères.
- Le Barbe va du bai au noir, en passant par le bai sombre. La couleur grise fut obtenue après des croisements avec l'Arabe.
- Plus d'une douzaine de races actuelles ont du sang de Barbe.

LE MAÎTRE DU DÉSERT
Le Barbe se caractérise par sa grande résistance à la chaleur et à la sécheresse et par son endurance. S'il n'est pas un cheval de course, il est néanmoins rapide sur de courtes distances. Croisé avec l'Arabe, il en possède quelques similitudes, mais il est plus lourd.

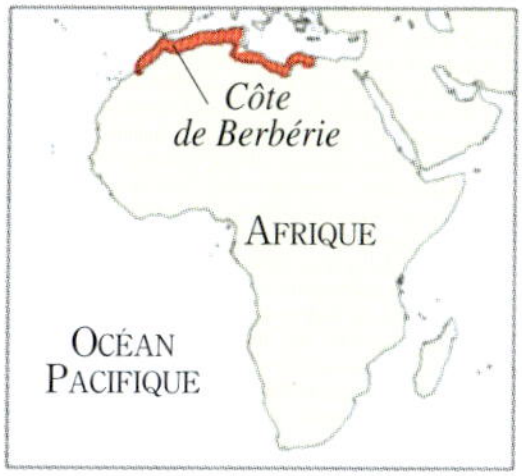

LE PAYS D'ORIGINE
Le Barbe est originaire de Berbérie, au nord-ouest de l'Afrique, d'où son nom.

LE FRISON
La résistance et la docilité du Barbe se retrouvent chez son cousin hollandais, le Frison occidental. Au XIXe siècle, en Europe, sa couleur noire et son pas régulier en ont fait un bon cheval de corbillard.

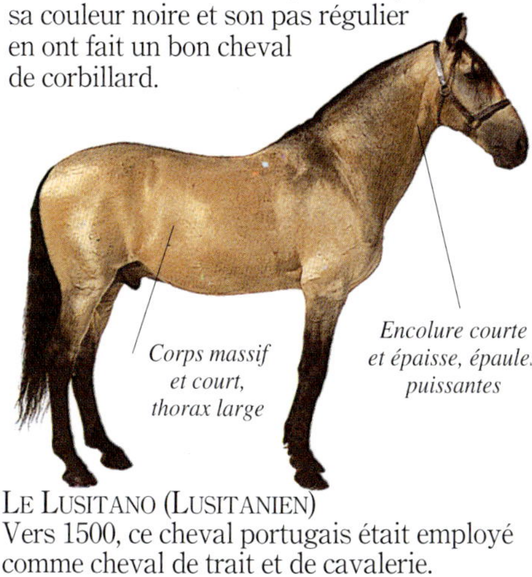

LE LUSITANO (LUSITANIEN)
Vers 1500, ce cheval portugais était employé comme cheval de trait et de cavalerie. Il possède l'agilité du Barbe et fait merveille dans les corridas.

PUR-SANG ANGLAIS

C'est le cheval le plus rapide du monde et il est peu vraisemblable qu'une race plus rapide existe jamais. La race, développée aux XVIIe et XVIIIe siècles en Angleterre, fut conçue pour la course. Aujourd'hui, le Pur-Sang, élevé dans plus de 50 pays, est au centre d'une industrie internationale. Il a une influence prépondérante sur d'autres races de chevaux de course.

LES HARAS
Les premiers Pur-Sang furent obtenus par croisement de chevaux de course britanniques avec des étalons d'origine turque, arabe et berbère. Les haras où la race fut élaborée existent depuis plus de 200 ans et certains étalons valent une véritable fortune.

Arrière-train puissant

Membres postérieurs allongés

Sabot résistant

UN COURSIER RAPIDE

Le Pur-Sang commence à courir à l'âge de deux ans et cesse en général deux ans plus tard. Il peut atteindre une vitesse de 70 km/h. Les premières courses de chevaux, telles que nous les connaissons, furent organisées au XVIIe siècle, près du village anglais de Newmarket.

16 (DE 1,50 À 1,73 M AU GARROT)

UN SUCCÈS INTERNATIONAL

Tous les Pur-Sang modernes descendent de trois étalons du milieu du XVIIIe siècle. Mais la race est mondialement reconnue depuis seulement un siècle.

LE HOLLANDAIS SANG-CHAUD

Cette race destinée aux sports équestres s'est développée aux Pays-Bas dans les années 60. Des croisements avec le Pur-Sang anglais et un élevage minutieux ont fait de lui un animal de qualité, parfait pour le dressage.

Pinto et Palomino

Le Pinto et le Palomino font partie des races non encore stabilisées, dont la robe est le seul trait distinctif. Le Palomino a une couleur dorée spécifique, alors que l'on retrouve la robe pie du Pinto chez beaucoup d'autres races de chevaux et de poneys.

La monture favorite
La robe de ce cheval, monture favorite des Indiens d'Amérique, était un excellent camouflage.

Le saviez-vous ?

- Le Palomino descend des chevaux introduits aux États-Unis par les conquistadors, au début du XVIe siècle.
- Son nom vient de don Juan de Palomino à qui l'on avait offert un animal de cette couleur.
- La couleur palomino est appelée "isabelle" en Espagne, en l'honneur de la reine Isabelle de Castille.

Les couleurs du Palomino

Pour que le cheval soit enregistré par la Palomino Horse Association, sa robe doit être de la couleur d'une pièce d'or neuve, dans trois nuances plus claires ou plus foncées. La queue et la crinière doivent être blondes.

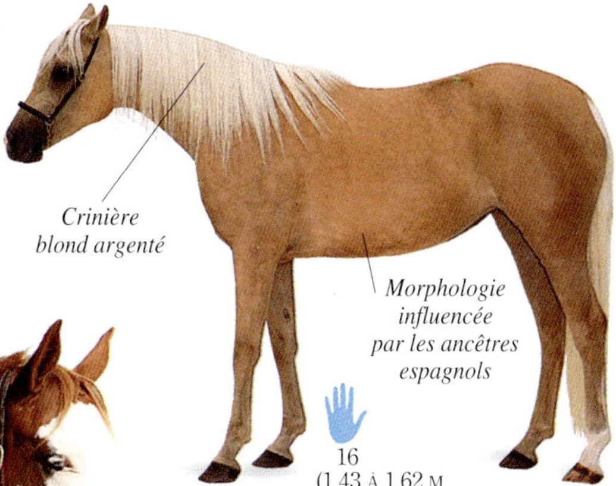

Crinière blond argenté

Morphologie influencée par les ancêtres espagnols

16
(1,43 à 1,62 m au garrot)

La forme de la tête trahit l'influence Pur-Sang.

Les couleurs du Pinto

Le Pinto est parfois surnommé le cheval peint. Il existe deux sortes de robes : overo – taches blanches sur fond d'une autre couleur – et tobiano – taches de couleur sur fond blanc. Il n'existe pas deux Pinto semblables.

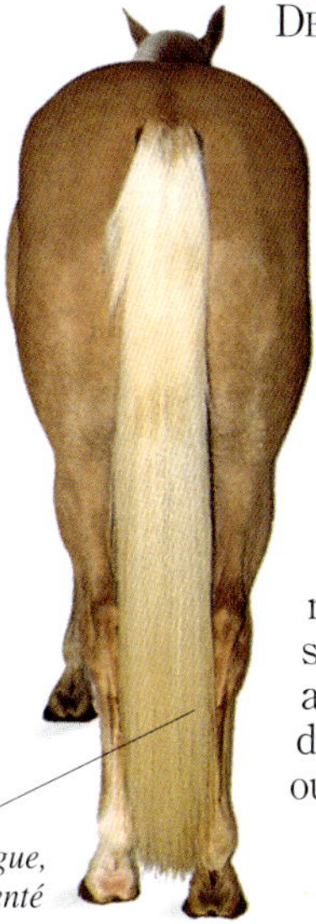

Queue longue, blond argenté

Des critères stricts

La queue doit être blonde et abondante. Il ne doit pas y avoir de trace de rayure dorsale.

Les marques blanches aux extrémités des membres ne doivent pas se prolonger au-dessus du genou ou du jarret.

ARABE

Fougueux et courageux, l'Arabe n'est pas seulement le plus pur des chevaux légers actuels, c'est aussi le plus ancien. Il a joué un rôle essentiel dans l'élaboration d'autres races, en particulier celle du Pur-Sang anglais.

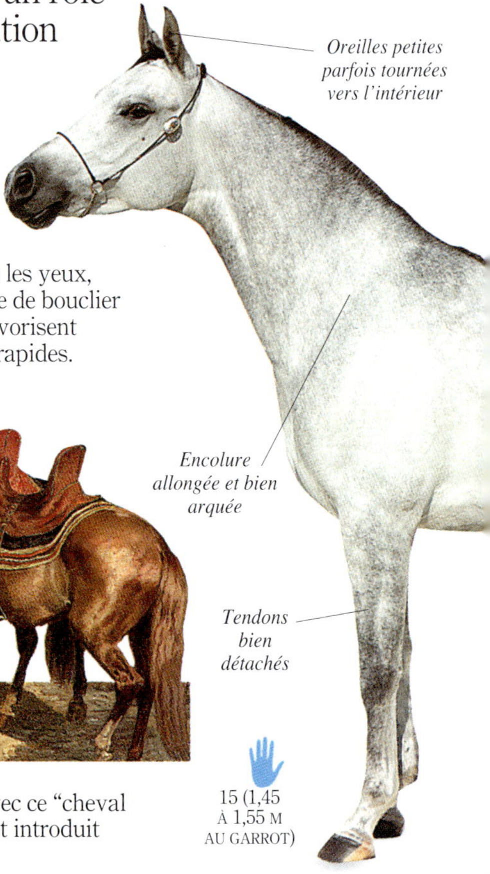

L'ÉLÉGANCE
L'Arabe est un cheval racé, avec une tête petite et ronde. Entre les yeux, on discerne un renflement en forme de bouclier dit le *jibbah*. Ses larges naseaux favorisent la respiration pendant les courses rapides.

MONTURE DES BÉDOUINS
Les Bédouins ont toujours vécu avec ce "cheval du désert", qu'ils ont domestiqué et introduit en Europe au VIIe siècle.

UN CHEVAL DE LÉGENDE

Selon la légende bédouine, l'Arabe descendrait d'un étalon du nom de Hoshaba et de la jument Baz, capturée par Bax, arrière-arrière-petit-fils de Noé. Le Coran mentionne l'élevage et l'alimentation de l'Arabe.

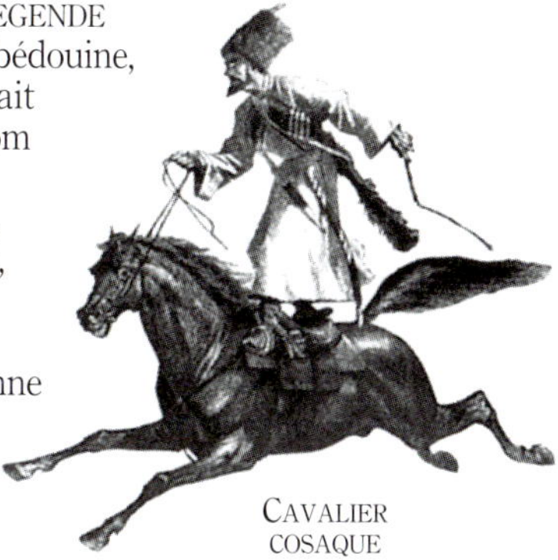

CAVALIER COSAQUE

LE SAVIEZ-VOUS ?

- Napoléon montait son Arabe gris Marengo à la bataille de Waterloo en 1815.
- Dans le désert, ce cheval se nourrit de sauterelles, de viande et de dattes séchées.
- Pendant la guerre de Crimée (1851-1854), un Arabe a parcouru sans dommage 150 km. Son cavalier, lui, est mort d'épuisement.
- L'Arabe possède moins de vertèbres que les autres chevaux.

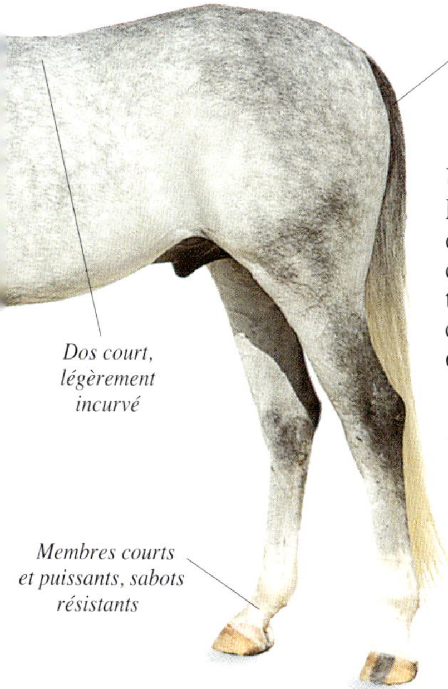

UN BON COUREUR

Malgré ses membres courts, l'Arabe peut courir pendant des heures. Au XIXe siècle, les chevauchées dans le désert pouvaient durer trois jours. Il est très souvent utilisé pour les courses d'endurance, marathons équestres qui se jouent sur une distance de 42 km.

ARABE AVEC UN TAPIS DE SELLE BRODÉ

Quarter Horse

Le Quarter Horse, premier cheval 100 % américain, courait sur le quart de mile (en anglais *quarter-mile* – 400 m –, d'où son nom), organisé dans la rue principale de certaines villes. Il descend des chevaux des premiers colons du Nouveau Monde.

Le saviez-vous ?

- Le fondateur de la race est un Pur-Sang anglais qui vivait en Virginie, États-Unis, entre 1756 et 1780.
- Le Quarter Horse reste un grand spécialiste des 400 m.

Une large gamme
Ses ancêtres Barbe et Andalou sont à l'origine de la gamme extrêmement variée de sa robe, l'alezan étant la plus fréquente. Ci-dessous, un cheval bai.

Des membres solides
Le Quarter Horse possède une capacité de détente et d'accélération exceptionnelle.

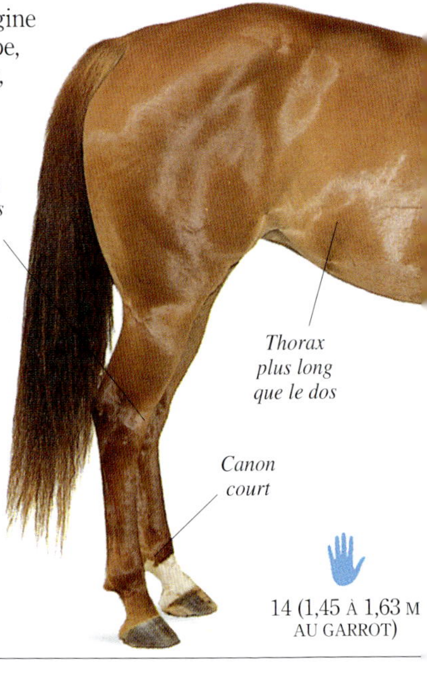

14 (1,45 à 1,63 m au garrot)

UN TRAVAILLEUR

Attraper un animal au lasso est un exercice dangereux, qui exige une monture fiable. Docile, agile, doté d'un grand équilibre psychique et d'un instinct naturel, le Quarter Horse est le cheval idéal. Le cavalier peut se concentrer sur l'animal qu'il veut attrapper sans se préoccuper de son cheval.

DE SUPERBES ANCÊTRES

Les premiers Quarter Horse, robustes et puissants, étaient issus de l'Andalou et du Pur-Sang anglais. Plus tard, un plus grand apport de Pur-Sang rendit la race plus rapide et plus élancée.

LES INDOMPTABLES

Dans les rodéos, les cavaliers tentent de tenir le plus longtemps possible sur un cheval indompté.

Appaloosa

Après avoir frôlé l'extinction, l'Appaloosa est aujourd'hui l'une des races les plus répandues. Il se caractérise par sa robe curieusement tachetée. Sa résistance et sa docilité font de lui une excellente monture de gardien de troupeaux. On l'utilise plus récemment pour la course et le saut.

L'histoire de la race

Descendant des chevaux espagnols tachetés, introduits en Amérique au XVIe siècle, l'Appaloosa fut développé au début du XVIIIe siècle par les Indiens Nez-Percés, au nord-est de l'Orégon. En 1877, quand l'armée américaine s'empara de leur territoire, les Indiens furent pourchassés et l'Appaloosa faillit disparaître.

Appaloosa et son cavalier

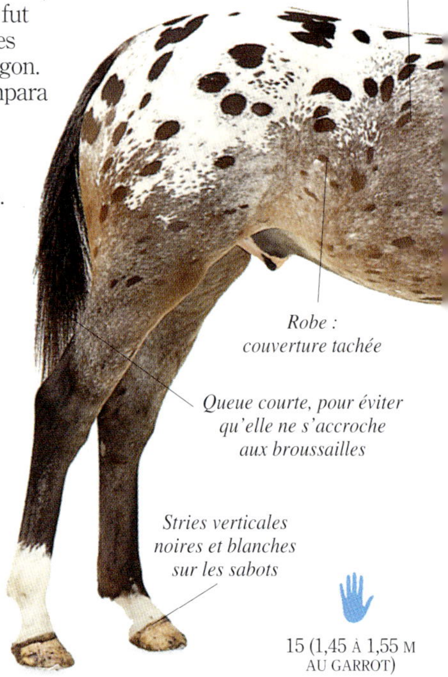

15 (1,45 à 1,55 m au garrot)

La tête

La tête de l'Appaloosa est petite et racée, et sa peau tachée de blanc et de noir près du chanfrein. Pour qu'un Appaloosa soit enregistré, il faut que sa sclérotique soit bien apparente. La race fut stabilisée en 1938 et, dans les 50 années qui suivirent 400 000 individus furent enregistrés.

Le saviez-vous ?

- Ce cheval tient son nom de la vallée de Palouse River (USA).
- Des traces de chevaux tachetés, (plus de 20 000 ans), ont été repérées en Asie et en Europe.
- Les premiers chevaux tachetés connus étaient originaires de Chine.

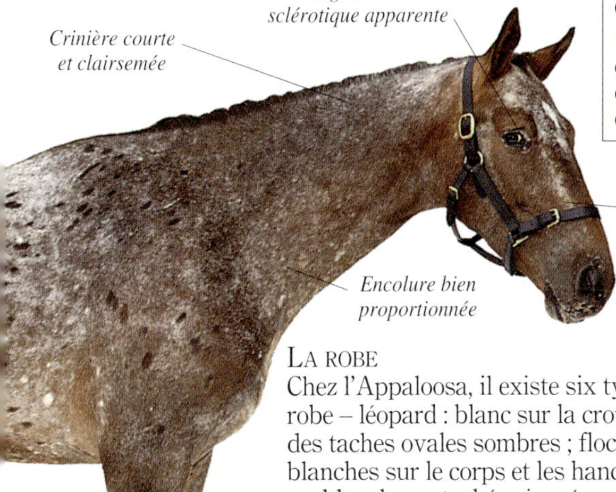

La robe

Chez l'Appaloosa, il existe six types caractéristiques de robe – léopard : blanc sur la croupe et les hanches avec des taches ovales sombres ; flocon de neige : taches blanches sur le corps et les hanches ; couverture blanche ou tachée ; jaspé : mouchetée ; givre : taches blanches sur fond sombre.

Robe léopard

Robe jaspée

ANDALOU

Également connu sous le nom de Cheval espagnol, cette race a participé à l'élaboration de presque toutes les races américaines. Il semble être un descendant du Barbe, et de l'Arabe introduit en Espagne par les Maures, en 711 apr. J.-C., croisés avec des poneys locaux.

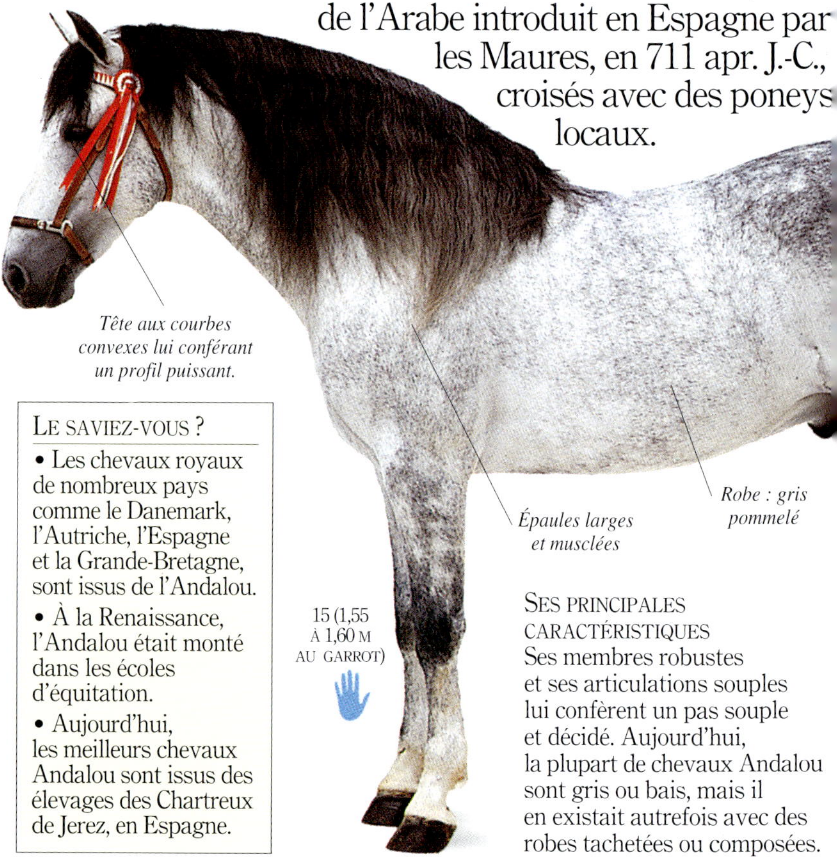

Tête aux courbes convexes lui conférant un profil puissant.

Épaules larges et musclées

Robe : gris pommelé

15 (1,55 À 1,60 M AU GARROT)

LE SAVIEZ-VOUS ?

- Les chevaux royaux de nombreux pays comme le Danemark, l'Autriche, l'Espagne et la Grande-Bretagne, sont issus de l'Andalou.
- À la Renaissance, l'Andalou était monté dans les écoles d'équitation.
- Aujourd'hui, les meilleurs chevaux Andalou sont issus des élevages des Chartreux de Jerez, en Espagne.

SES PRINCIPALES CARACTÉRISTIQUES

Ses membres robustes et ses articulations souples lui confèrent un pas souple et décidé. Aujourd'hui, la plupart de chevaux Andalou sont gris ou bais, mais il en existait autrefois avec des robes tachetées ou composées.

Encolure courte et musclée, cachée par une crinière épaisse et ondulée.

LA CRINIÈRE
L'Andalou se reconnaît à sa crinière longue et fournie, souvent ondulée qui souligne la courbure de l'encolure.

L'INFLUENCE DU PONEY SORRAIA
Ce poney originaire du Portugal fut croisé avec des Barbes d'Afrique du Nord. Robuste, il résiste au froid et à la chaleur, et fut d'abord domestiqué dans la Péninsule ibérique.

Sa morphologie rappelle celle du poney Tarpan.

Fleurs décoratives

Harnais spécial

LA FÊTE DU CHEVAL EN ESPAGNE
La patrie de l'Andalou est le Sud de l'Espagne, autour de Jerez de la Frontera, Cordoue et Séville. Chaque année à Jerez, durant la fête du cheval, des chevaux décorés paradent dans les rues. L'Andalou est la monture préférée des *rejoneadores* (picadors).

Cleveland Bay

Descendant des chevaux de carrosse anglais du Yorkshire dans les années 1800, cet animal nerveux tirait les voitures royales lors des cérémonies officielles. Originaire du district de Cleveland, sur la côte nord-est de l'Angleterre, il est reconnaissable à sa robe baie, et à sa queue et crinière noires.

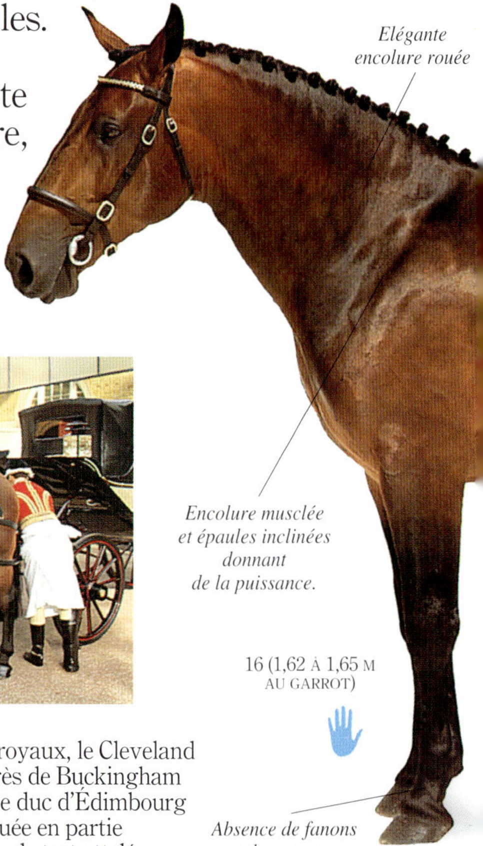

CHEVAL D'ÉQUIPAGE ROYAL
Cheval de trait pour les carrosses royaux, le Cleveland Bay vit dans les écuries royales près de Buckingham Palace, à Londres. À une époque, le duc d'Édimbourg a fait concourir une équipe constituée en partie de Cleveland Bay dans des courses de trot attelé.

AU-DELÀ DES MERS

Le Cleveland Bay est né de croisements avec des chevaux anglais, l'Andalou et le Barbe introduits, vers 1600, par des navires marchands en provenance d'Espagne et d'Afrique du Nord. Il est considéré comme le meilleur carrossier d'Europe.

LE BAVAROIS SANG-CHAUD

À la fin du XVIIe siècle, le Cleveland Bay contribua à l'élaboration du Bavarois sang-chaud, à qui il légua puissance et résistance. Cette race allemande est employée dans les compétitions, et comme carrossier.

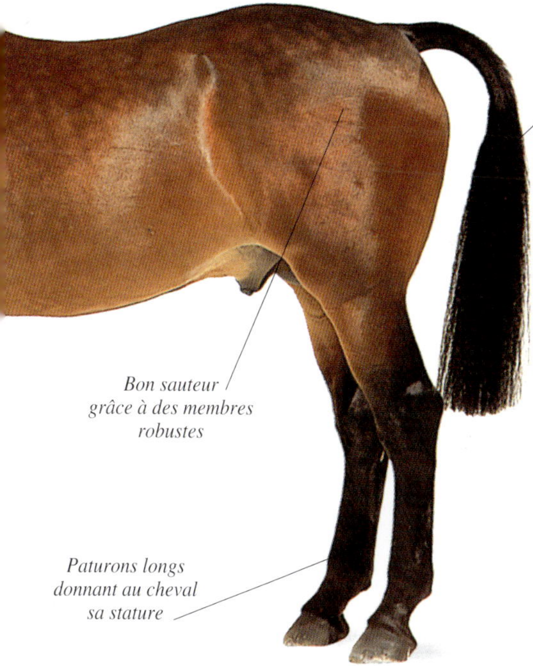

LE SAVIEZ-VOUS ?

- Autrefois, on surnommait le Cleveland Bay "Chapman" (colporteur), car il tirait les charrettes des marchands ambulants.
- En 1962, la reine Elizabeth II acheta pour l'élevage l'un des quatre derniers étalons afin de sauver la race.
- Il fut employé pour les travaux agricoles, comme cheval de bât et cheval de mine (transport du charbon).

Trakehner

Créé à des fins militaires, ce cheval a une longue et pittoresque histoire. On en fit d'abord un élégant cheval de carrosse. Sa nature audacieuse et courageuse en fit aussi un parfait animal de cavalerie. Il est considéré aujourd'hui comme un cheval sportif de premier plan.

16 (1,62 À 1,67 M AU GARROT)

Le favori des compétitions

Son athlétisme et son agilité témoignent de croisements d'Arabe et de Pur-Sang. Aux jeux Olympiques de Berlin en 1936, l'équipe allemande remporta une médaille chaque fois qu'elle montait un Trakehner. Aujourd'hui, cette race s'est fait un nom dans le cross, le saut et le dressage.

COMPÉTITION DE DRESSAGE

UNE MARQUE SPÉCIALE
Le Trakehner, originaire de Prusse orientale – partie de l'actuelle Pologne, est parfois appelé Européen de l'Est. On retrouve la corne d'élan sur l'arrière-train de l'animal, et sur la bride.

MARQUE EN FORME DE CORNE D'ÉLAN

L'ORDRE TEUTONIQUE
Cet ordre de chevaliers fut à l'origine des premiers élevages, vers 1200, pour fournir des montures aux croisés.

Quartiers puissants parfaits pour le saut

LE CHEVAL IDÉAL
Sa morphologie et son tempérament font du Trakehner un cheval de selle et de compétition proche de la perfection. C'est un animal très courageux auquel un élevage attentif a donné robustesse et endurance.

LE SAVIEZ-VOUS ?

- La race tient son nom du haras créé en 1732 où elle fut fondée : Trakehnen.
- En 1945, afin de les soustraire aux Soviétiques, plus de 1 000 sujets furent transférés en Allemagne de l'Ouest.

LIPIZZAN

Le nom de ce beau cheval est associé à l'École espagnole de Vienne – ainsi baptisée à cause de la proportion de chevaux espagnols utilisés. Le Lipizzan s'est développé comme cheval de selle classique à partir de cinq étalons importés d'Espagne au XVIe siècle par l'archiduc Charles II.

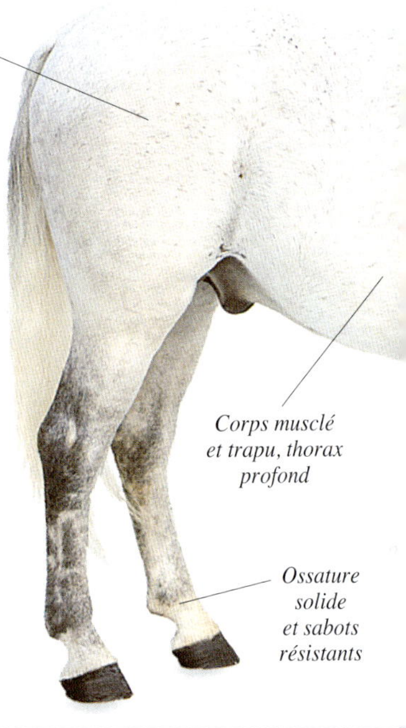

UN LIPIZZAN ET SA CAVALIÈRE
À l'École de Vienne, le dressage d'un Lipizzan exige quatre à six ans d'entraînement, et la formation d'un cavalier, deux fois plus de temps. Les chevaux sont dressés pour les concours complets d'équitation, pour l'attelage et pour l'équitation en amazone.

ÉCURIES AUTRICHIENNES
Le haras de Piber, en Autriche, fournit l'École espagnole. Huit à dix chevaux sont sélectionnés chaque année.

LE SAVIEZ-VOUS ?

- Il y a près de 3 500 sujets Lipizzan dans le monde.
- La race doit son nom au premier haras situé à Lipizza, alors en Autriche.
- Il s'agit d'une race sélectionnée et tous les chevaux descendent d'un des cinq étalons fondateurs.

Épaules bien adaptées à l'attelage

Profil légèrement convexe rappelant celui de l'Andalou.

Membres courts et puissants

16 (1,52 À 65 M AU GARROT)

LA ROBE
Le Lipizzan adulte est blanc. Le poulain, bai foncé ou noir à la naissance, s'éclaircit entre sept et dix ans.

Jument blanche et son poulain bai foncé

WALER

Robuste et docile, le Waler, ou Australian Stock Horse, fut destiné au rassemblement des troupeaux sur les vastes étendues australiennes. Élevé depuis près de 200 ans dans des ranchs d'élevage de bétail, il n'est cependant pas considéré comme une race stabilisée.

LE SAVIEZ-VOUS ?

- Le Waler le plus célèbre est un champion international du nom de Regal Realm.
- Plus de 12 000 Walers ayant participé à la Première Guerre mondiale furent exterminés à la fin de celle-ci. Les lois australiennes sur la quarantaine n'autorisaient par leur retour.

UNE RACE RÉCENTE

En Australie, après la Première Guerre mondiale, il restait peu de chevaux pour travailler dans les fermes. Certains furent croisés avec des chevaux Pur-Sang et Arabe, donnant ainsi naissance au Waler. Ce sont ces croisements qui empêchent que la race soit reconnue comme établie.

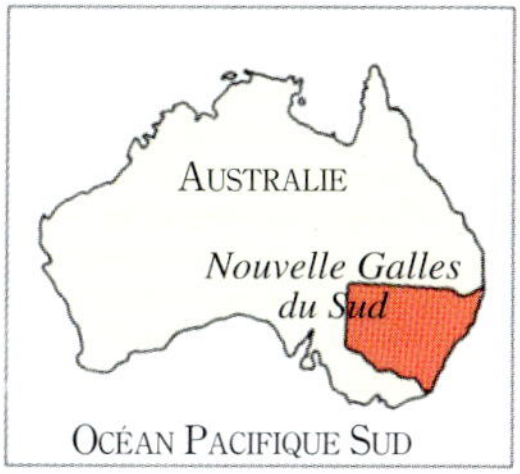

Le berceau
Le Waler tient son nom de l'État du New South Wales (Nouvelle Galles du Sud), où il fut créé.

La charge des Walers
Durant la Première Guerre mondiale, le général britannique Allenby écrasa les Turcs en Palestine avec sa cavalerie de Walers, qui couvrit 274 km en 4 jours, par une température de 40 °C.

Arrière-train puissant

Membres bien proportionnés

16 (1,47 à 1,63 m au garrot)

On dénote l'influence de l'Arabe.

Un dur labeur
Ramener le bétail égaré dans les vastes ranchs australiens n'est pas une mince affaire. Les premiers individus introduits en Australie, de superbes chevaux de selles aptes à supporter la chaleur, venaient d'Afrique du Sud et d'Europe.

MORGAN ET HOLLANDAIS SANG-CHAUD

Ces deux races récentes ont été élaborées pour donner des chevaux de loisir. L'ancêtre du Morgan est né en 1790, celui du Hollandais dans les années 1900. Aujourd'hui, les deux races obtiennent de bons résultats dans les compétitions hippiques.

STATUFIÉ
Cette statue d'un Morgan se dresse dans le Kentucky Horse Park (USA).

LE PREMIER MORGAN
Le premier étalon naquit vers 1790 à West Springfield, aux États-Unis. Dans les concours locaux – transports de rondins et courses –, il était imbattable.

SÉANCE DE DRESSAGE D'UN HOLLANDAIS SANG-CHAUD

LE SAVIEZ-VOUS ?

- Le Morgan doit son nom à Justin Morgan, propriétaire du premier étalon, qui vécut au moins 28 ans.
- C'est un cheval énergique, excellent en course attelée, saut et dressage.
- Deux autres races – le Saddlebred et le Tennessee Walking – sont en partie issues du Morgan.

CHAMPION DE DRESSAGE

L'ancêtre du Hollandais sang-chaud était un carrossier, ce qui peut expliquer les qualités du Hollandais actuel dans les épreuves de dressage. Il obtient aussi d'excellents résultats dans les concours hippiques.

LE HOLLANDAIS SANG-CHAUD

Descendant de deux anciennes races hollandaises, le Groningue et le Gelderland, il est élevé pour les sports équestres. Parmi les champions, il faut citer *Dutch Courage* et *Milton*.

CHEVAUX LOURDS

Présentation du cheval lourd

Facilement reconnaissable à sa taille et à sa puissance, c'est le plus grand et le plus gros de tous les chevaux. Il a un corps ample, un dos large, une poitrine large et musclée, et des épaules droites autorisant le port d'un collier.

Des travailleurs
Avant la motorisation, le cheval de trait lourd jouait un rôle important dans la vie quotidienne : travaux agricoles, transport de personnes, de marchandises. Sa force était même parfois utilisée dans les usines.

Nombre de chevaux lourds ont des fanons aux paturons.

Cheval lourd

L'Italien de trait lourd rapide

La plupart des chevaux lourds sont élevés pour leur puissance et leur pas régulier. L'Italien, croisé avec des races anglaises et françaises, est employé pour le trait lourd dans le nord et le centre de l'Italie.

Le cheval de trait a un corps trapu et musclé.

Le saviez-vous ?

- Un "cheval-vapeur" (C.V.), unité de puissance d'un moteur, équivaut à la force motrice d'un cheval lourd.
- Les concours de trait étaient très populaires.
- Le doyen des chevaux lourds est mort à 62 ans (il halait les péniches).

Un débardeur

Le cheval lourd est encore employé, dans le monde entier, pour le débardage du bois. Il est préféré aux véhicules car il abîme moins le sol et passe plus facilement dans les chemins étroits.

Les travaux agricoles

Le cheval tirait déjà la charrue vers l'an 500 de notre ère, après que les Chinois eurent inventé le collier rembourré. Il prit ainsi une importance capitale dans les pays dont l'économie reposait sur l'agriculture.

JUTLAND

Au Moyen Âge, le Jutland servait de monture aux chevaliers. Plus pacifiquement, cette race danoise fournissait des chevaux de trait et de bât à l'agriculture, avant l'avènement de la mécanisation. Aujourd'hui ou n'en voit plus que rarement dans les champs.

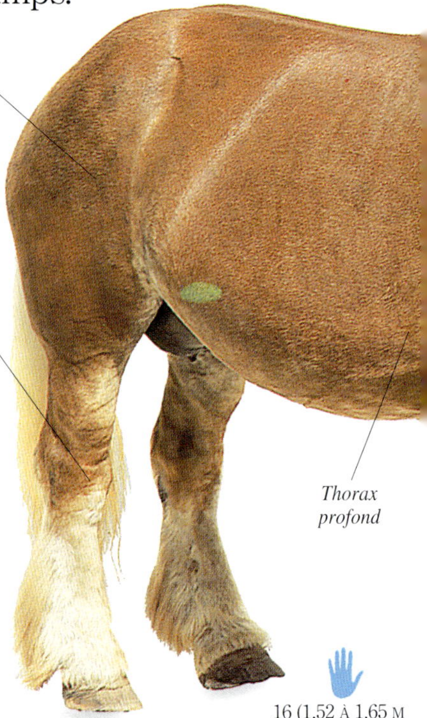

16 (1,52 À 1,65 M AU GARROT)

TOUJOURS ATTELÉ
Le Jutland est le cheval de trait lourd par excellence. Certains continuent à tirer les charettes des brasseurs, comme on en voit dans les rues au Danemark.

LA ROBE
Sa couleur alezan ou bai foncé, sa crinière et sa queue blondes témoignent de croisements avec le Suffolk Punch, (Schleswig) entrepris au début du XIXe siècle.

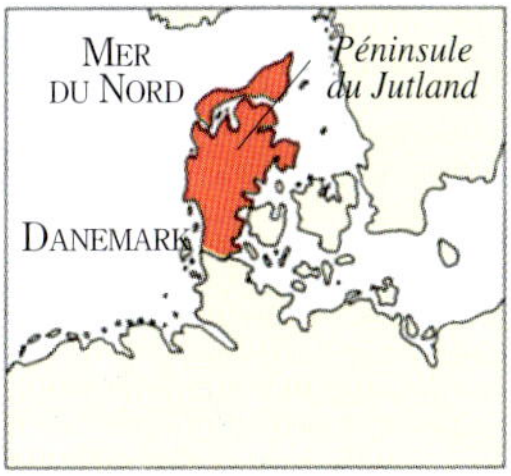

LA RÉGION D'ORIGINE
Ce cheval de trait lourd doit son nom à la péninsule danoise du Jutland, où il apparut pour la première fois il y a plus de 1 000 ans. La race s'est sérieusement développée depuis lors.

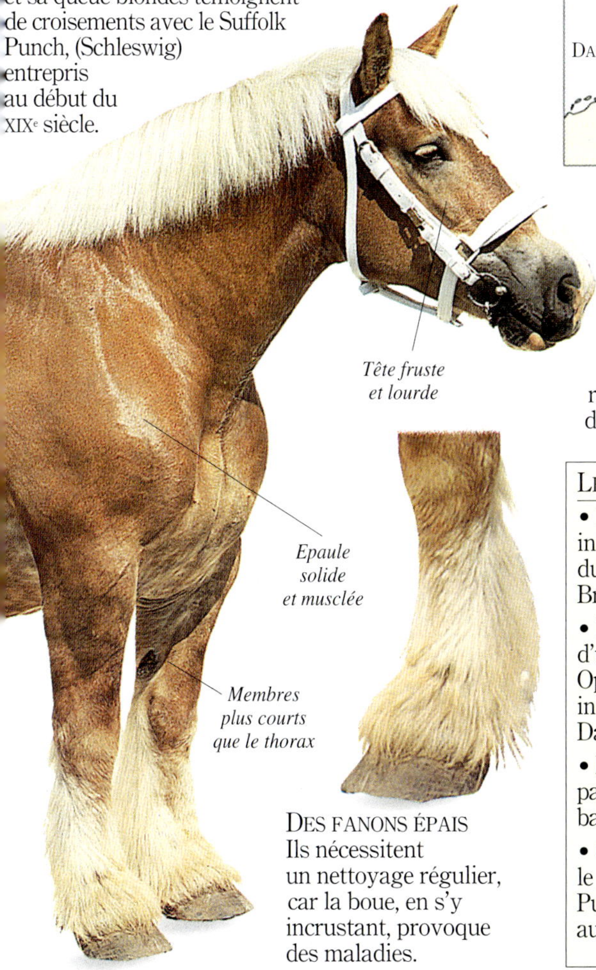

DES FANONS ÉPAIS
Ils nécessitent un nettoyage régulier, car la boue, en s'y incrustant, provoque des maladies.

LE SAVIEZ-VOUS ?

- Les Vikings ont introduit les ancêtres du Jutland en Grande-Bretagne vers 900.
- Le Jutland descend d'un Suffolk Punch, Oppenheim LXII, introduit au Danemark en 1860.
- Le Jutland possède parfois des robes noires, baies ou rouannes.
- On peut différencier le Jutland du Suffolk Punch grâce aux fanons.

Brabant

Le Brabant, ou Grand Belge, est le plus lourd de tous. Ce géant docile, élevé en Europe, est très populaire aux États-Unis, depuis son introduction au XIXe siècle. Il a également joué un rôle important dans l'élaboration d'autres races de chevaux lourds, notamment le Suffolk Punch.

Variétés

Trois races ont concouru à la formation du Brabant à la fin du XIXe siècle : le *Colosse de la Méhaigne*, le plus énergique, le *Gris de Nivelle*, avec sa robe rouanne et le *Gros de la Dendre*, le plus petit et le plus léger.

Le saviez-vous ?

- Le record de poids fut établi en 1937, par l'étalon américain Brooklyn Supreme qui pesait 1 451 kg.
- Les Belges donnent aussi au Brabant le nom de *Cheval de trait belge*.
- Le ventre d'une jument Brabant pleine peut atteindre 3,65 m de circonférence.

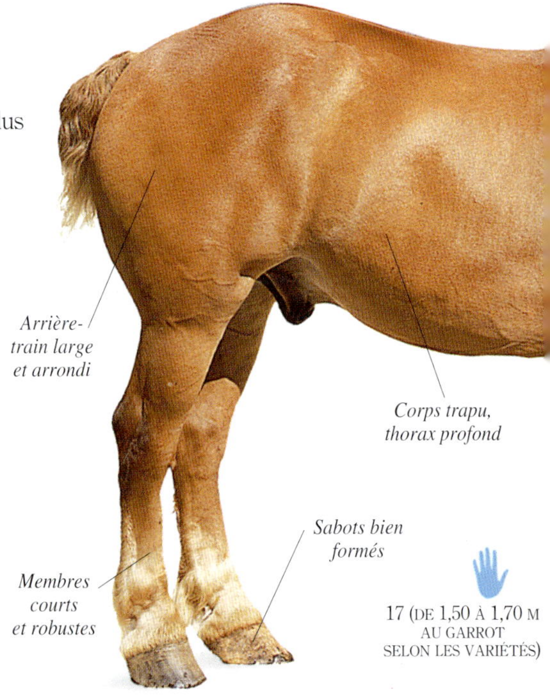

Fort et vigoureux

Le Brabant, doté d'une force exceptionnelle, possède un dos large et musclé et des reins courts. Sa musculature impressionnante est idéale pour un cheval de trait. Ces caractéristiques ont été soigneusement maintenues par les éleveurs.

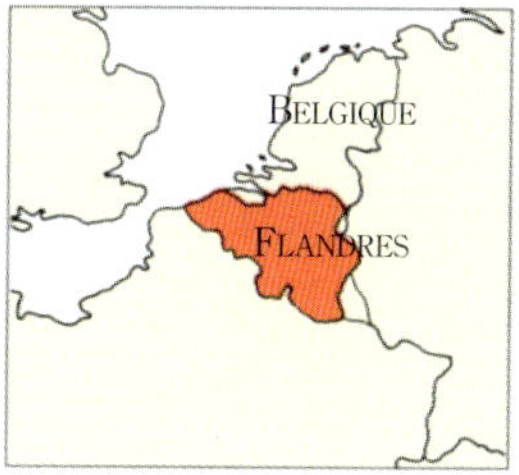

Le berceau

Le Brabant porte le nom de la province centrale de la Belgique où la race fut élaborée. Son élevage s'est développé aux États-Unis (Belge Américain).

Le travail de la terre

Autrefois, le Brabant était le plus célèbre cheval lourd d'Europe. Au Moyen Âge, connu sous le nom de Cheval des Flandres, on l'attelait volontiers à la charrue, aux charrettes, et aux haquets des villes.

PERCHERON

Le Percheron français est l'un des plus grands et des plus élégants chevaux lourds. Il fut employé à la guerre et à la ferme, comme carrossier et, en dépit de sa taille, comme cheval de selle. Il fut exporté dans le monde entier.

FORCE ET BEAUTÉ L'élégance du Percheron est due à des croisements avec le Barbe et l'Arabe. Plus tard, le Belge apporta sa puissance à la race.

LE SAVIEZ-VOUS ?

- Le plus grand cheval du monde jamais enregistré (1908), un Percheron américain, Dr. Le Gear, mesurait près de 2,10 m et pesait 1 372 kg.
- Un dérivé plus léger du Percheron tirait les omnibus parisiens à la fin du XIXe siècle.
- Le Percheron peut tirer des charges de plus d'une tonne.

Robe le plus souvent alezan, bai et bai-brun

LE COB NORMAND
C'est un cheval de trait léger, né en Normandie, qui fut utilisé dans la cavalerie.

LE BERCEAU
Comme son nom l'indique, le Percheron est originaire du Perche, une grande région d'élevage.

17 (1,50 À 1,80 M
AU GARROT SELON
LES VARIÉTÉS)

Absence de fanons

La queue est attachée pour l'empêcher de se prendre dans les rênes.

Corps trapu, court et puissant

LE BRETON
On l'élève en Bretagne depuis le Moyen Âge. L'élaboration de cette race est due à l'apport du Percheron et de l'Ardennais. Le Breton travaille surtout dans les vignobles du midi de la France. Des diverses variétés d'autrefois, il n'en reste que deux.

CLYDESDALE

Avant l'arrivée de la machine à vapeur, la Grande-Bretagne exportait le Clydesdale dans le monde entier. Cette race est considérée comme la plus puissante des races de chevaux lourds.

Arrière-train long et musclé

Profil droit et élégant

17 (1,63 À 1,73 M AU GARROT – MÂLE ET FEMELLE)

Sabots recouverts de fanons soyeux

L'AISANCE DES MOUVEMENTS Jadis assimilé au Shire, le Clydesdale est moins grand mais possède la même vivacité et la même élégance.

DUC D'HAMILTON, SIXIÈME DU NOM

LES FONDATEURS DE LA RACE

La race fut élaborée au XVIIIe siècle par le sixième duc d'Hamilton et un éleveur, John Paterson, grâce à l'apport de chevaux flamands. Plus tard, il fut souvent croisé avec le Shire.

LE BERCEAU

La race, originaire du Lanarkshire, en Écosse, n'y est plus employée aux travaux agricoles. Quelques individus travaillent encore dans les forêts du Canada et de l'ex-Union Soviétique.

Uniforme du cavalier brodé de fils d'or

Chaque timbale en argent pèse 68 kg.

Rênes reliées aux bottes et à la taille

DES BRUITS DE GUERRE

Le son des timbales donnait jadis du courage aux soldats. Aujourd'hui le cheval timbalier n'apparaît que dans les cérémonies officielles. Ces deux timbales d'argent ont été offertes au régiment de cavalerie de Grande-Bretagne par Guillaume IV, en 1830.

LE SAVIEZ-VOUS ?

- Le plus gros Clydesdale jamais enregistré pesait 1 270 kg.
- Dans le Michigan, aux États-Unis, un cheval a tiré une charge de près de 50 tonnes sur une distance de 402 m.
- Avant la mécanisation de l'agriculture, les Canadiens utilisaient des attelages de sept chevaux pour tirer des charrues à trois socs.

Suffolk Punch

En vieil anglais, le mot “punch” désignait un cheval court sur pattes et trapu. Le Suffolk Punch, le plus ancien des chevaux lourds britanniques, est originaire du comté de Suffolk, à l’est de l’Angleterre, où il fut élaboré dans les années 1700. Aujourd’hui, chaque individu descend du premier Suffolk, né en 1768. La robe est exclusivement alezan, sans marque blanche.

Un travailleur
Le Suffolk était destiné à l’agriculture. Malgré sa corpulence, il peut marcher dans un sillon de 23 cm de large. C’est un cheval qui mange peu, qui a une longue vie active. Certains d’entre eux travaillent jusqu’à une vingtaine d’années.

Robe alezan avec sept nuances – ici alezan clair

L’absence de fanons empêche la boue de se coller sur le pied.

L'ARRIÈRE-TRAIN

La puissance du Suffolk est due en partie à ses jambes courtes et à son corps très développé. Au travail, sa queue est nattée et attachée, pour éviter qu'elle ne se prenne dans une machine.

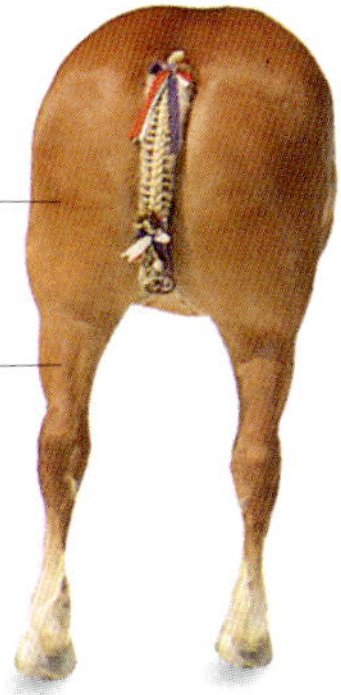

UNE BONNE NATURE

Malgré sa force impressionnante, le Suffolk Punch est docile et sociable.

LE JUTLAND

Le Jutland, qui descend d'un Suffolk Punch introduit au Danemark en 1860, présente des ressemblances avec son cousin anglais : la rondeur des muscles, des épaules et des cuisses. Il est encore utilisé comme cheval de trait.

16 (1,60 À 1,65 M AU GARROT)

Shire

Le Shire est le cheval le plus haut du monde. Il descend du “Great Horse”, le destrier médiéval anglais, utilisé pour les tournois. Il est originaire des “shires”, comtés du centre de l’Angleterre, qui lui ont donné son nom.

UN DOUX GÉANT
L’épaule du Shire est longue et large, l’encolure longue pour un cheval de trait et légèrement arquée. Un front large et de grands yeux caractérisent ce “géant docile”.

LE SAVIEZ-VOUS ?

- Au XVIe siècle, le Shire bénéficia d’un apport de sang de chevaux flamands introduits en Angleterre pour l’assèchement des marécages.
- En 1924, une paire de Shires a réussi à tracter 50 tonnes.
- Le Shire travaille dès l’âge de trois ans.

UN CHEVAL DE TRAIT

Jusqu'au milieu des années 1880, le Shire, capable de tirer, sans difficulté, des charges de cinq tonnes, était essentiellement un cheval de trait destiné aux travaux agricoles. Aujourd'hui encore on le voit dans les villes anglaises tirer les haquets des brasseurs. Il participe aux concours organisés dans le cadre des salons agricoles.

SHIRE ATTELÉ À UNE CHARRETTE

Arrière-train large et musclé

LE PLUS HAUT DU MONDE

Le Shire doit mesurer au moins 1,70 m pour être enregistré. Il atteint sa taille adulte à six ans, et les mâles sont généralement plus grands que les femelles. Un Shire, né en 1846, mesurait près de 2,12 m et pesait presque 1 524 kg à l'âge de quatre ans.

JUMENT
POULAIN

Ardennais

La race, considérée comme la fondatrice des chevaux de trait européens, doit son nom aux Ardennes, où ses ancêtres vécurent il y a plus de 2000 ans. En raison de sa force exceptionnelle, l'Ardennais, l'un des plus anciens chevaux lourds, fut employé à des fins agricoles et militaires.

Le saviez-vous ?

- Jules César a décrit l'Ardennais dans son Histoire de la guerre des Gaules.
- Cheval d'artillerie, on l'employa lors de la Révolution française et de la Première Guerre mondiale.
- Les deux principales variétés sont le Belge Ardennais et le puissant Auxois.

Sa morphologie

L'Ardennais a un front bas et plat qui lui donne un profil rectiligne, des oreilles pointues et de grands yeux. Sa lourde charpente et ses jambes courtes lui confèrent un aspect massif et puissant.

ARDENNAIS À LA PARADE

UN TRAVAILLEUR ACHARNÉ

L'Ardennais est un cheval doux et obéissant. Il est encore utilisé dans les fermes des Ardennes. Ses ancêtres transportaient les vivres de l'armée napoléonienne.

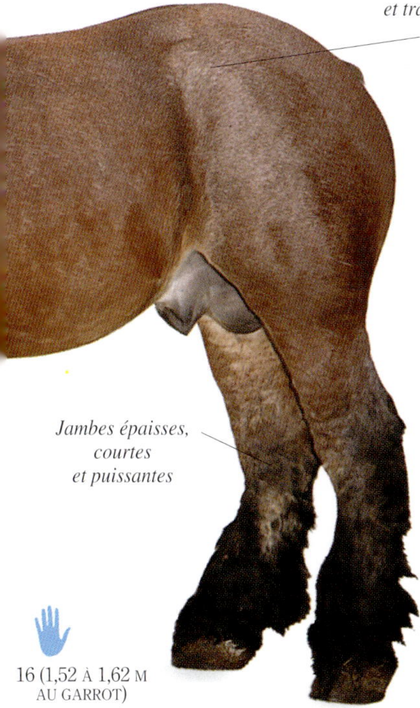

Corps massif et trapu, dos et arrière-train courts

Jambes épaisses, courtes et puissantes

16 (1,52 À 1,62 M AU GARROT)

LE BOULONNAIS

Descendant, comme l'Ardennais, du très ancien Forest Horse, le Boulonnais s'est développé au Nord-Ouest de la France. Des croisements avec l'Arabe lui ont donné une robe évoquant le marbre poli, souvent grise, plus rarement alezane ou baie.

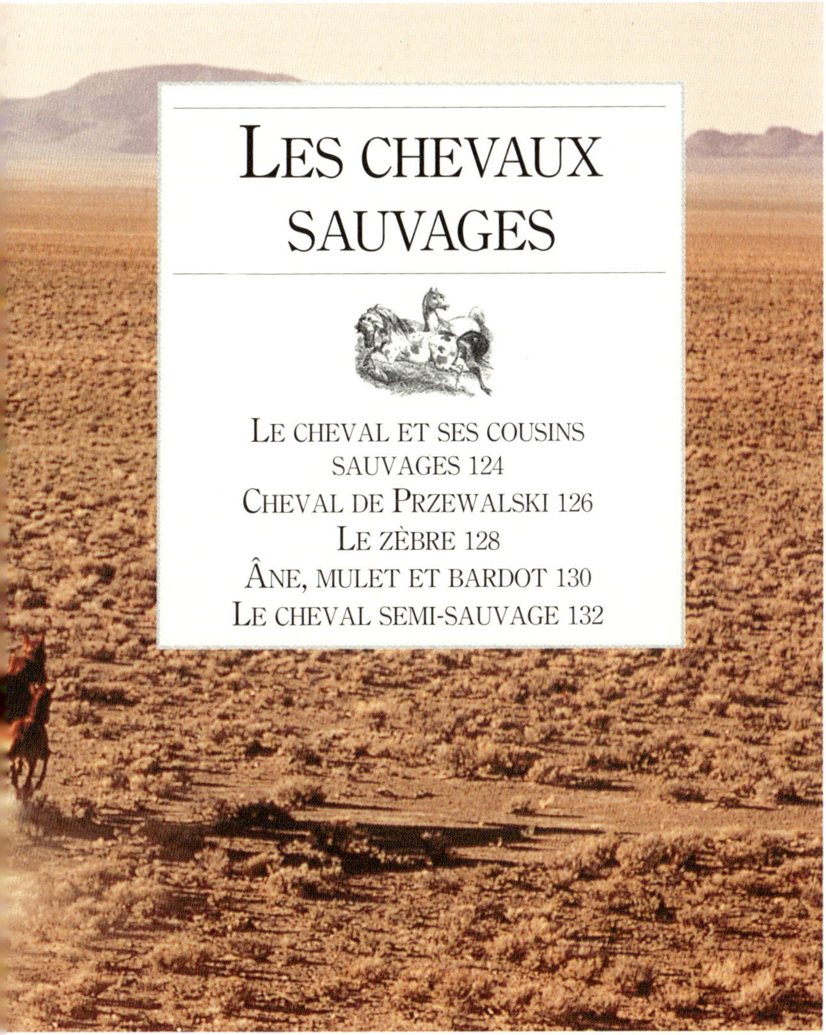

LES CHEVAUX SAUVAGES

LE CHEVAL ET SES COUSINS SAUVAGES

Quatre groupes d'Équidés vivent à l'état sauvage : les véritables chevaux sauvages, les zèbres, les ânes et les chevaux semi-sauvages. Malheureusement, si on assiste à une prolifération du cheval domestique, les races sauvages tendent à disparaître, victimes de la chasse et de la destruction de leur habitat.

LE PONEY DÜLMEN
Certains poneys comme le Dülmen européen ont vécu à l'état semi-sauvage pendant des siècles. L'Allemagne en possède quelques spécimens depuis 1316. Bien qu'il ressemble au poney New Forest, il n'existe aucun lien entre les deux races.

LES ZÈBRES
Les trois espèces de zèbres vivent en Afrique. Leur robe claire rayée de noir ou de brun, s'est probablement développée pour détourner les insectes.

Équidé

LE KOULAN
Sous-espèce de l'onagre, il vit en petits troupeaux au Turkménistan, à l'est de la mer Caspienne, et en Afrique. Il préfère les habitats secs et rocailleux où il se nourrit d'herbe et d'arbustes.

LES CHEVAUX SEMI-SAUVAGES
Des chevaux domestiques sont retournés à l'état sauvage où ils ont formé des hordes. On les rassemble de temps à autre pour vérifier leur état de santé.

LE SAVIEZ-VOUS ?

- L'onagre d'Iran peut accomplir des sauts d'au moins 2 m.
- Certains zèbres sont noirs. Rares, ils cohabitent avec leurs cousins à rayures.
- Les chevaux sauvages passent 60 à 80% de leur temps à chercher leur nourriture.

Cheval de Przewalski

Ce cheval sauvage asiatique fut découvert en 1881 par un colonel russe qui lui donna son nom. Il représente un maillon important entre les premiers chevaux sauvages et les races modernes.

Un explorateur russe
Le colonel N. M. Przewalski (1839-1888), découvrit ce cheval alors qu'il était en voie d'extinction. La race disparut à l'état sauvage vers 1969.

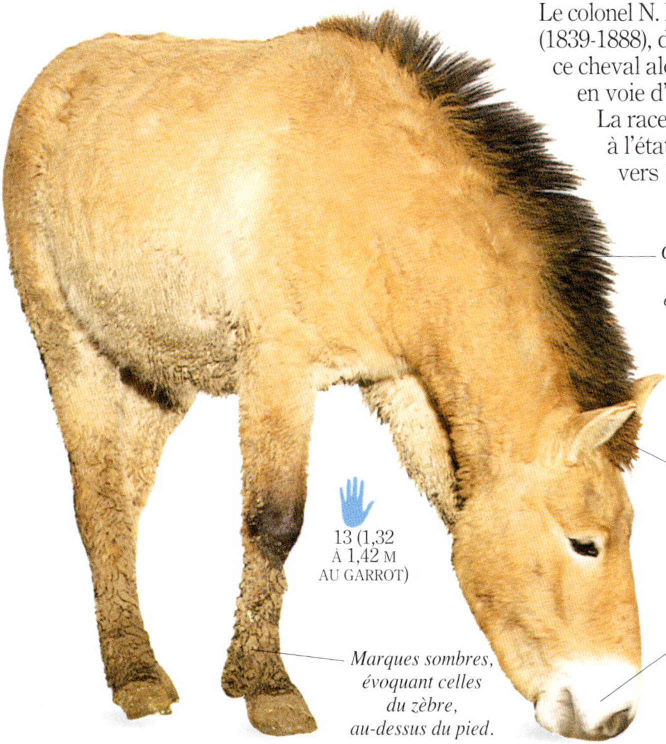

DES SURVIVANTS EN CAPTIVITÉ
En 1900, des chevaux de Przewalski furent placés au zoo d'Askania- Nova, en Ukraine, où certains vivent encore aujourd'hui. En 1959, un programme fut mis sur pied pour réimplanter ces chevaux dans la nature. Aujourd'hui, plus de 600 d'entre eux galopent de par le monde.

LE SAVIEZ-VOUS ?

- À la naissance, les poulains Przewalski sont brun-jaune, la robe devient louvet à l'âge adulte.
- Une carcasse gelée, vieille de 15 000 ans, a été trouvée au nord de la Russie.
- Le troupeau est mené par l'étalon dominant, âgé d'au moins 10 ans.

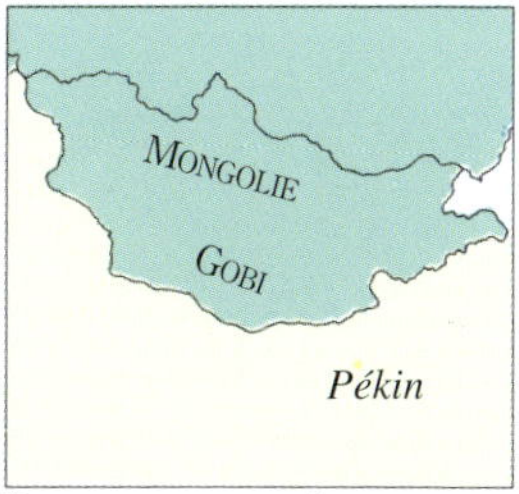

LE LIEU DE LA DÉCOUVERTE
Przewalski découvrit ce cheval dans la région de Tachin Schah ("Montagnes des Chevaux Jaunes"), au sud du désert de Gobi, en Mongolie.

LE TARPAN
Le dernier sujet en liberté de cet autre cheval sauvage d'Asie est mort en 1879. Mais, grâce à des croisements effectués par des fermiers polonais, la race fut préservée. Récemment, des chevaux très semblables à leurs ancêtres ont recréé des troupeaux.

LE ZÈBRE

Le zèbre de Grévy vit à l'extrême Nord de l'Afrique, le zèbre de Chapman dans les prairies orientales et le zèbre de montagne sur les plateaux méridionaux.

LE ZÈBRE DE GRÉVY
C'est le plus grand des trois – 1,60 m au garrot. Il s'agit d'une espèce menacée dont il ne reste que 7 000 individus environ.

LE SAVIEZ-VOUS ?

- Le zèbre a une bonne ouïe, mais il compte sur son entourage – l'autruche pour la vue et le gnou pour l'odorat – pour l'avertir d'un danger imminent.
- Le zèbre se défend à coups de sabot contre ses prédateurs, en particulier le lion.
- Le zèbre de montagne est en voie d'extinction.

LE ZÈBRE DE CHAPMAN
Le plus répandu, il vit en troupeaux dans les réserves africaines. Très sociables, dès que l'un d'eux manque, tous les autres zèbres partent à sa recherche.

LE ZÈBRE APPRIVOISÉS
Sur cette image publicitaire du XIXe siècle, un attelage de quatre zèbres tire la voiture d'un marchand. Le zèbre n'a été dompté qu'en de très rares occasions.

LE COUAGGA
Ce cousin du zèbre vivait au Sud de l'Afrique, où il fut chassé pour sa chair et sa peau vers 1840. Le dernier spécimen mourut au zoo d'Amsterdam en 1883.

ÂNE, MULET ET BARDOT

Pendant des siècles, on a fait s'accoupler ânes sauvages et chevaux pour obtenir des bêtes de somme résistantes, et au pied plus sûr que le cheval. L'âne est la forme domestiquée de l'âne sauvage d'Afrique. Le mulet est issu du croisement d'un âne et d'une jument, le bardot l'hybride d'un cheval et d'une ânesse.

L'ÂNE SAUVAGE D'AFRIQUE
Ancêtre de l'âne que nous connaissons, il vit en troupeaux dans les régions chaudes et sèches d'Afrique du Nord.

DES TRAVAILLEURS
Très forts, on les attelle à des charrettes depuis des siècles. Leur épaisse toison les protège des rigueurs du climat nordique.

ÂNE EUROPÉEN TIRANT UNE CHARRETTE

L'ÂNE DOMESTIQUE
L'âne, considéré comme un animal de compagnie, est un animal social qui ne doit pas rester seul.

LE MULET
On commença à l'élever il y a près de 4 000 ans au Moyen-Orient. Doté d'un fort instinct grégaire, il travaille mieux en groupes, que l'on appelle des trains de mulets.

LE BARDOT
Généralement stérile, il peut vivre jusqu'à 40 ans.

LE SAVIEZ-VOUS ?

- Les ânes du Poitou et d'Espagne sont parmi les plus grands du monde – 1,42 m au garrot.
- Le plus grand âne, 2,13 m au garrot, vivait à Glasgow, en Écosse, en 1902.
- Des petits ânes, de moins de 86 cm au garrot, vivent en Sardaigne et en Sicile.

LE CHEVAL SEMI-SAUVAGE

Le terme animal semi-sauvage désigne l'animal domestiqué retourné à l'état sauvage. Non contrôlé, il peut ravager les pâturages et dévaster les récoltes.

GRÂCE À CHRISTOPHE COLOMB
Les chevaux semi-sauvages américains descendent de l'Andalou introduit par Christophe Colomb en 1493.

LE CAMARGUAIS
Ce cheval blanc vit en Camargue, où il se nourrit d'une herbe pauvre et salée. Il sert de monture aux gardians, les gardiens des troupeaux de taureaux.

LE SAVIEZ-VOUS ?

- À la fin du XVIe siècle, aux États-Unis, on estimait à cinq millions le nombre des chevaux semi-sauvages.
- Le petit cheval louvet de Colombie est peut-être le descendant des chevaux des conquistadors espagnols.
- On surnomme parfois le Camarguais "le cheval de la mer".

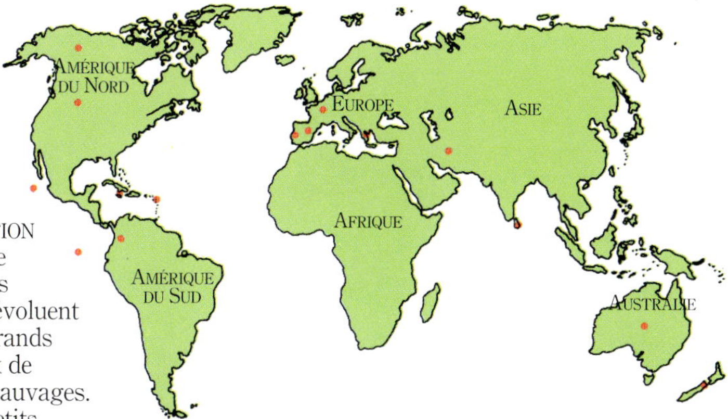

Répartition
Cette carte indique les zones où évoluent les plus grands troupeaux de chevaux sauvages. De plus petits groupes sont disséminés dans des régions isolées.

Le Camarguais est foncé ou noir à la naissance

Le Mustang
Le Mustang est aujourd'hui protégé aux États-Unis. Le nom de cette race vient de l'espagnol "*mustango*" qui signifie cheval sauvage.

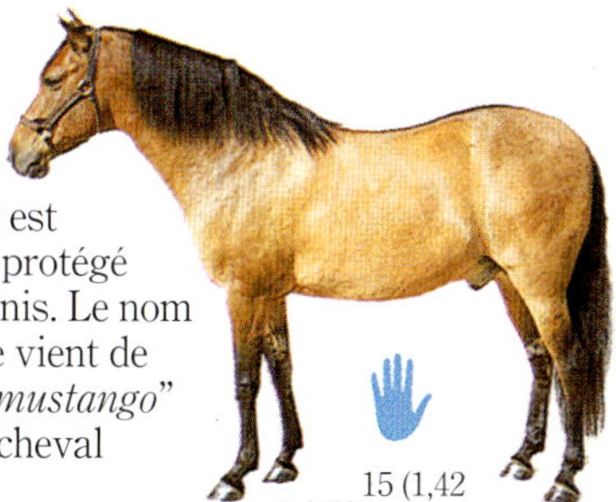

15 (1,42 à 1,52 m au garrot)

Le Brumby
Ce cheval sauvage australien doit son nom à un éleveur, James Brumby, qui laissa ses chevaux retourner à la vie sauvage et former des hordes.

16 (environ 1,50 m au garrot)

En savoir plus

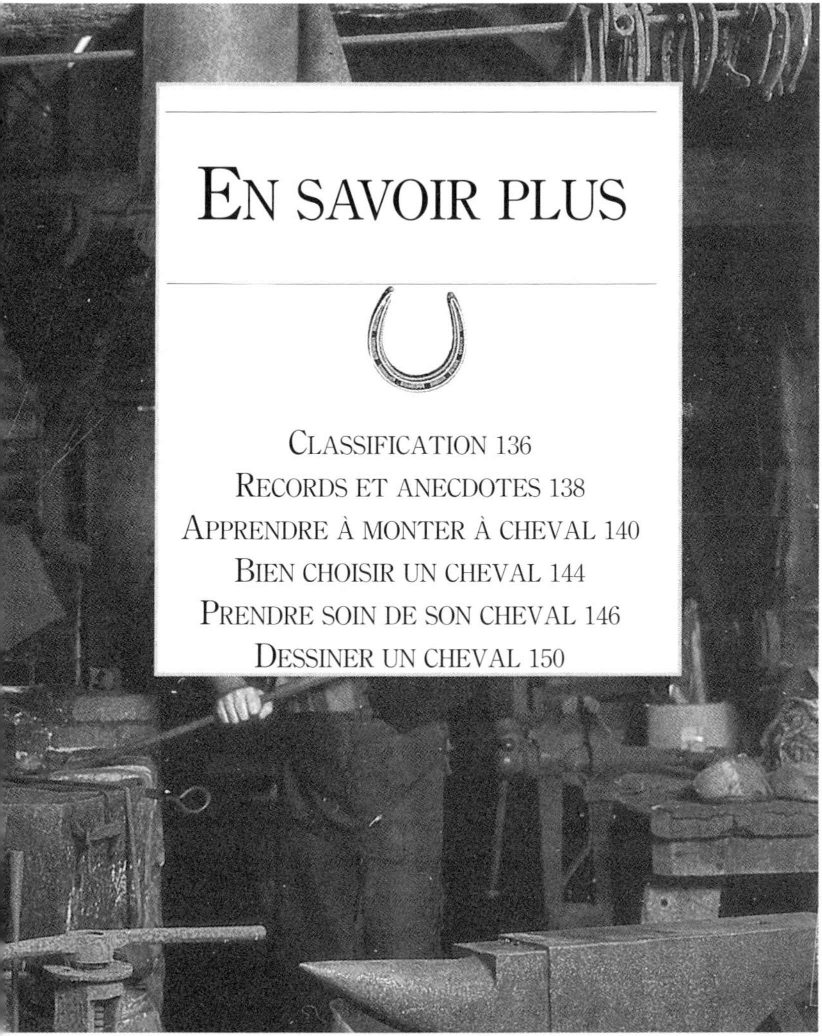

CLASSIFICATION

Le cheval est un mammifère appartenant à l'ordre des ongulés, sous-ordre des périssodactyles – quadrupèdes avec un nombre impair de doigts. Outre le cheval, le tapir et le rhinocéros sont des périssodactyles. Les zèbres, les ânes et les chevaux font partie de la famille des Équidés. Chaque espèce peut s'accoupler avec d'autres membres de la famille ; les produits de ces croisements sont appelés hybrides.

MULET

UN MEMBRE DE LA FAMILLE
Le mulet appartient à la famille des Équidés, mais en tant qu'hybride il est le plus souvent stérile. Le poney est classé avec le cheval domestique. Accouplé à un cheval, il produit une progéniture fertile.

L'HYBRIDE
C'est un animal qui résulte du croisement de deux sujets d'espèces différentes. Certains croisements, voulus, visent à combiner les qualités des deux géniteurs. Ainsi, le zébroïde, sera mieux adapté que le cheval aux agressions du climat africain.

ÂNE	+	JUMENT	=	MULET
CHEVAL	+	ÂNESSE	=	BARDOT
ZÈBRE	+	CHEVAL	=	ZÉBROÏDE
ZÈBRE	+	ÂNE	=	ZÉBRYDE OU ZÉBRET

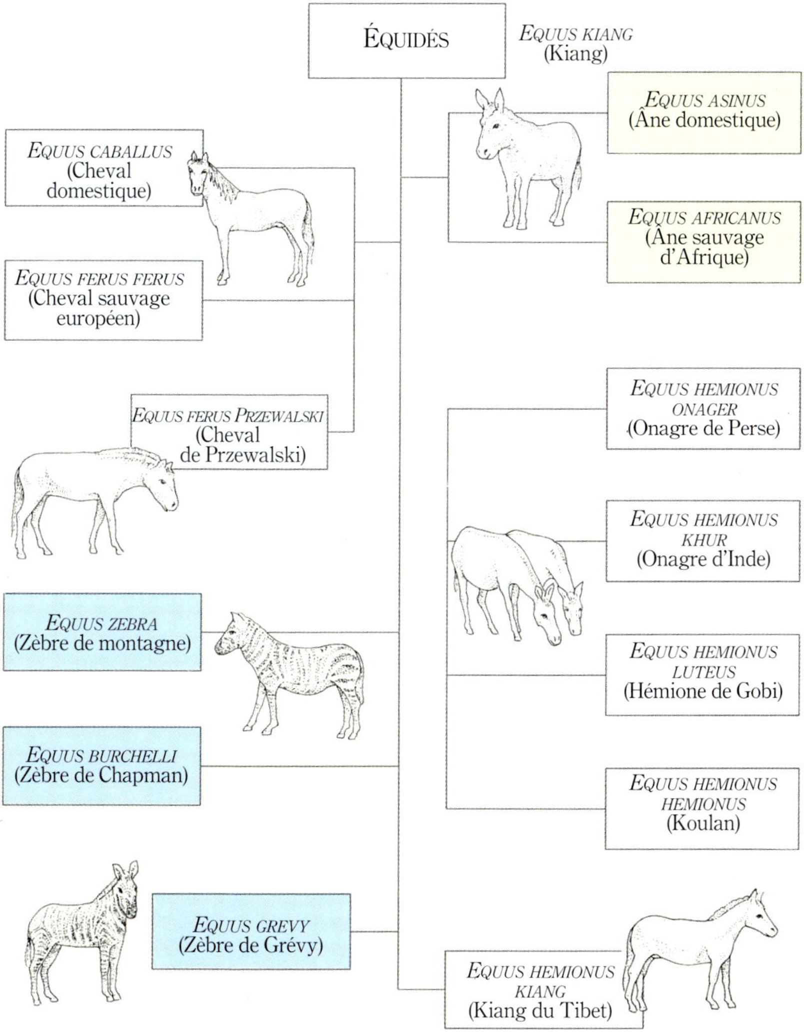
ÉQUIDÉS
EQUUS KIANG
(Kiang)
EQUUS ASINUS
(Âne domestique)
EQUUS AFRICANUS
(Âne sauvage d'Afrique)
EQUUS CABALLUS
(Cheval domestique)
EQUUS FERUS FERUS
(Cheval sauvage européen)
EQUUS FERUS PRZEWALSKI
(Cheval de Przewalski)
EQUUS HEMIONUS ONAGER
(Onagre de Perse)
EQUUS HEMIONUS KHUR
(Onagre d'Inde)
EQUUS ZEBRA
(Zèbre de montagne)
EQUUS HEMIONUS LUTEUS
(Hémione de Gobi)
EQUUS BURCHELLI
(Zèbre de Chapman)
EQUUS HEMIONUS HEMIONUS
(Koulan)
EQUUS GREVY
(Zèbre de Grévy)
EQUUS HEMIONUS KIANG
(Kiang du Tibet)

RECORDS ET ANECDOTES

À travers la diversité des espèces et des races chevalines, on découvre des faits surprenants. Si certains sont des phénomènes purement naturels, d'autres sont liés à ses relations avec l'homme, vieilles de plus de 6 000 ans.

• Le plus grand cheval, un Shire anglais, mesurait plus de 2 m au garrot.

• Le Pony Express parcourait 3 164 km, entre le Missouri et la Californie. Il fallait 400 poneys pour effectuer le relai en 10 jours.

• Le cheval est plus sensible à certains mots qu'à de simples sonorités.

• Des poneys Shetland ont travaillé 20 ans à la mine.

• Parmi les Pur-Sang anglais, le record de longévité est détenu par Tango Duke, un hongre. Né en 1935 à Victoria, en Australie, il mourut à 42 ans.

• Le polo fut inventé par les chinois il y a plus de 2 500 ans. C'était un jeu mixte.

• Little Pumpkin, le cheval le plus petit et le plus léger du monde, est né aux États-Unis en 1973. À l'âge de deux ans, il mesurait autour de 40 cm au garrot et pesait à peine plus de 9 kg.

• En 1893, deux Clydesdale ont tiré une charge de 50 t.

• Alors que l'on croyait la race éteinte, quelques Caspians en 1965, furent découverts en Iran.

• En 1277, un destrier coûtait aussi cher qu'une voiture de luxe aujourd'hui – trois fois plus cher qu'un cheval ordinaire.

• Le cheval peut procréer tout au long de sa vie. Une jument poulinière australienne a mis bas à l'âge de 42 ans.

• La plus longue crinière, 5,5 m, appartenait à Maud, une jument californienne.

• Aujourd'hui, on dénombre 100 races chevalines : 60 chez les chevaux légers, 12 chez les traits lourds et 34 chez les poneys.

• La queue la plus longue, 6,7 m, appartenait à un Palomino américain, Chinook.

• Le "Wonder Horse", Tony, était le cheval le mieux payé du cinéma, 8 millions de dollars en 300 films, jusqu'à ce qu'une blessure mette fin à sa carrière, en 1932.

• Les rayures du zèbre éloignent les insectes, en particulier la mouche tsé-tsé, porteuse de maladies.

• Les chevaux furent utilisés dans les transports publics britanniques dès 1564.

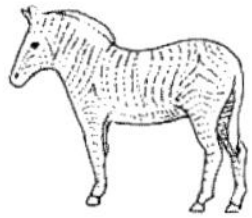

• La première course de chevaux de selle eut lieu au cours des Jeux Olympiques de Grèce en 624 av. J.-C.

• Les Cimbres, d'origine germanique, auraient été les premiers à ferrer les chevaux.

• À l'époque des voitures attelées, les cochers anglais conduisaient à gauche pour ne pas accrocher leur fouet (qu'ils tenaient de la main droite) dans les buissons qui bordaient les routes. De là vient la coutume de rouler à gauche en Angleterre.

• Le champ de vision du cheval comporte deux angles morts : le premier juste derrière lui et le second au bout de son nez.

• Le dernier train hippomobile desservait la ligne de Fintona, en Irlande du Nord. Elle fut fermée en 1957.

• Les premiers rodéos – concours amicaux entre cow-boys –, eurent lieu aux États-Unis au XIXe siècle. La première coupe du monde se déroula en 1982 à Melbourne et Sydney, Australie.

• Gengis Khan organisa le Yam – estafettes à cheval qui traversaient l'Empire Mongol à raison de 242 km par jour.

• Des millions d'hectares de terre américaine furent moissonnés par d'énormes machines tirées par des attelages comptant jusqu'à 24 chevaux.

• À la fin du IIe millénaire av. J.-C., à Qadesh, en actuelle Syrie, les Hittites avaient pourtant 3 500 chars à chevaux quand ils perdirent contre le pharaon Ramsès II.

Apprendre à monter à cheval

L'équitation est un loisir qui se développe de plus en plus dans nos sociétés occidentales. Le cavalier apprend peu à peu à contrôler sa monture et à acquérir équilibre et rythme. Un bon instructeur et une méthode correcte, dès le départ, sont les secrets de la réussite.

Centre d'équitation
L'idéal est de commencer dans un bon centre d'équitation, avec des instructeurs qualifiés qui corrigeront très vite les erreurs de ceux qui débutent.

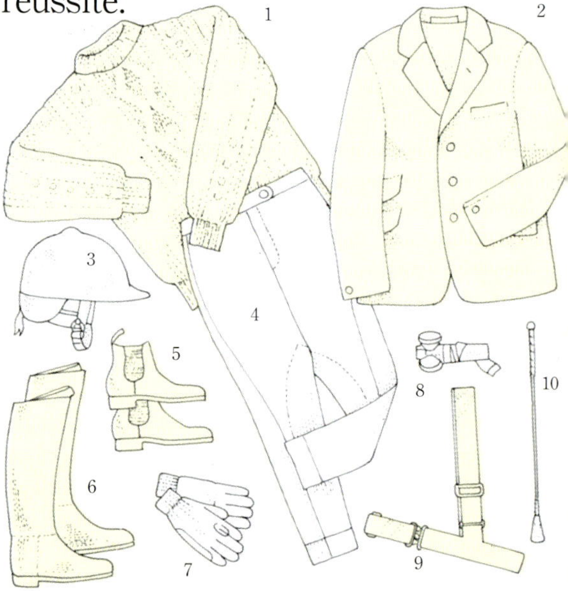

L'équipement
L'équipement doit assurer la sécurité et le confort du cavalier. 1 Pull-over chaud à porter par temps froid. 2 Veste de cheval. 3 Bombe. 4 Culotte de cheval extensible pour rester libre de ses mouvements. 5 Bottes à tige basse. 6 Bottes à tige haute en cuir ou en caoutchouc. 7 Gants. 8-9 Pour promenades nocturnes, torche pour étrier et ceinture fluorescente. 10 Cravache.

En selle !

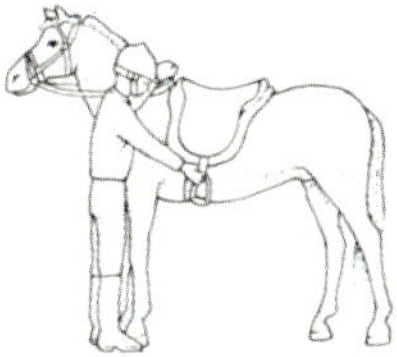

1 Se tenir à gauche du cheval, face à la queue, les rênes dans la main gauche, tenir l'étrier de la main droite.

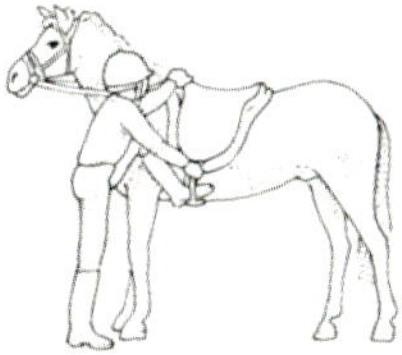

2 Mettre le pied gauche dans l'étrier. Tenir la crinière de la main droite et se hisser en poussant sur la jambe droite.

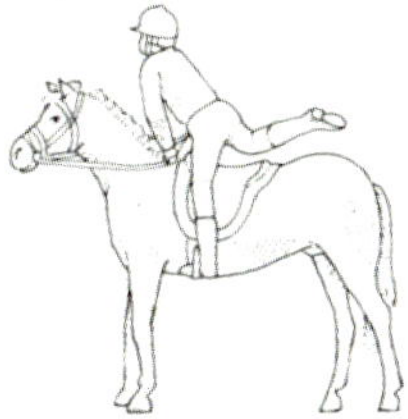

3 Passer la jambe droite au-dessus du dos, et s'asseoir sur la selle. Placer le pied droit dans l'étrier.

Le manège

Il faudra du temps au débutant pour s'habituer au rythme du cheval. L'instructeur l'aidera en conduisant l'animal.

Les allures

Le cheval place ses pattes différemment selon qu'il est au pas, au trot ou au galop. Le cavalier doit suivre les mouvements de sa monture, et ne jamais être à contre-temps, au risque de chuter.

LE TROT

LE PETIT GALOP

LE GRAND GALOP

LE SAUT

Le saut se joue au moment de l'approche de l'obstacle. Dès que sa monture quitte le sol, le cavalier se penche en avant, sur le côté de l'encolure. Le cheval doit avoir pris assez de vitesse et ne pas se sentir freiné par les rênes au moment du saut.

Le trot
Le trot est une allure sautée à deux temps. Un temps sur deux, le cavalier ne se repose pas sur la selle (trot enlevé).

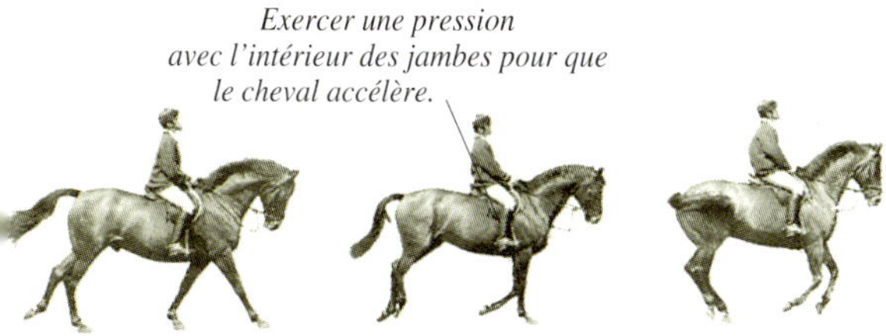

Le petit galop
Le galop est une allure sautée à trois temps. Le cavalier est assis au fond de la selle et suit l'allure du cheval. Les rênes sont souples.

Le grand galop
Le cavalier doit se porter vers l'avant, prendre appui sur les étriers et se soulever pour alléger le cheval, et lui permettre d'aller plus vite.

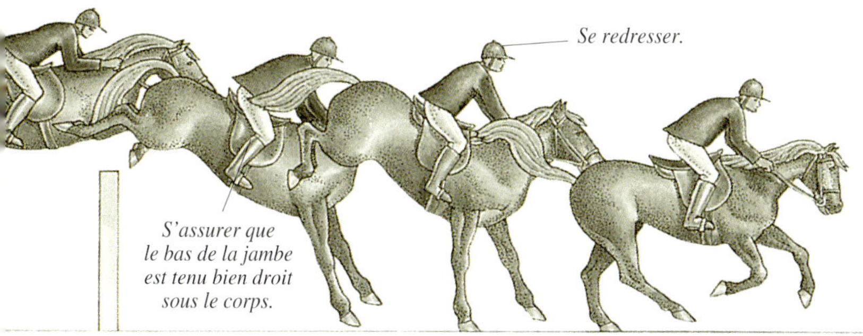

BIEN CHOISIR UN CHEVAL

Un cheval représente un investissement important en temps et en argent. Il faut choisir l'animal en fonction de l'utilisation que l'on veut en faire. On doit pouvoir le monter et le faire examiner sérieusement par un vétérinaire avant de prendre une décision.

UN INVESTISSEMENT

En dehors du prix d'achat proprement dit, il faut penser aux frais d'écurie, de nourriture et de vétérinaire, mais aussi à l'équipement, la sellerie et les vêtements.

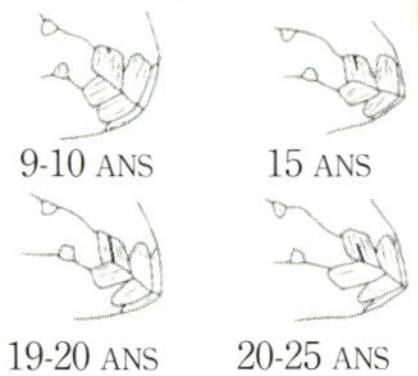

LES DENTS

On peut déterminer l'âge d'un cheval à ses incisives, qui s'arrondissent et deviennent brunâtres à mesure qu'il vieillit.

Un examen attentif

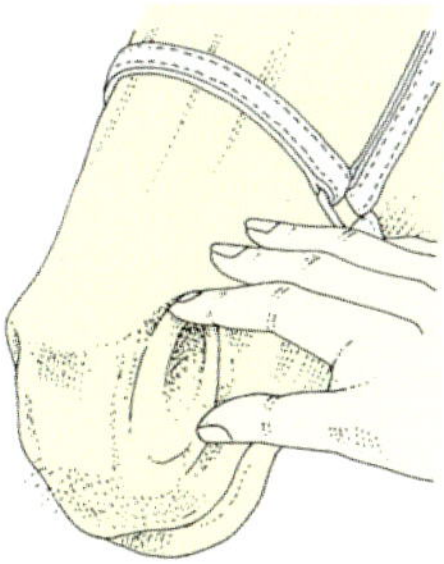

Le nez
Les naseaux doivent être larges, fins et souples, et presque fermés quand le cheval est au repos. Le cas contraire peut laisser craindre un problème respiratoire.

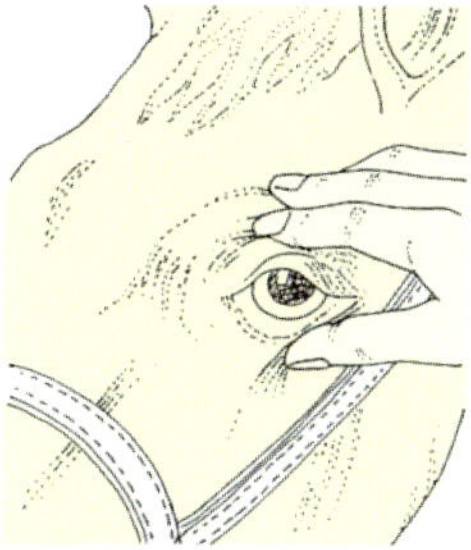

Les yeux
Ils doivent être clairs et secs, les pupilles noires et les paupières fines et douces. Une mauvaise vue peut rendre le cheval craintif.

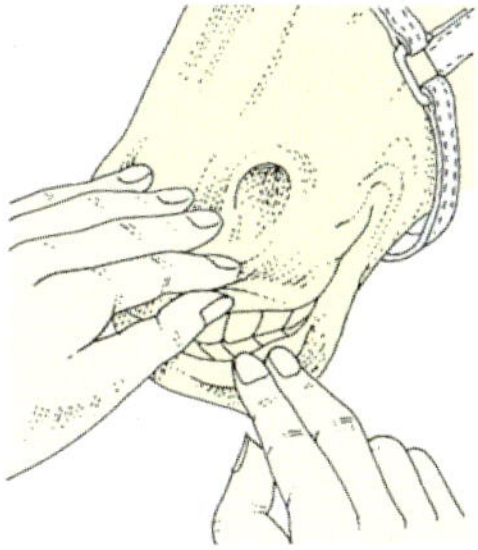

Les dents
Elles doivent être régulières. Vérifier que le mors ou une dent trop pointue n'ait pas provoqué une blessure dans la bouche.

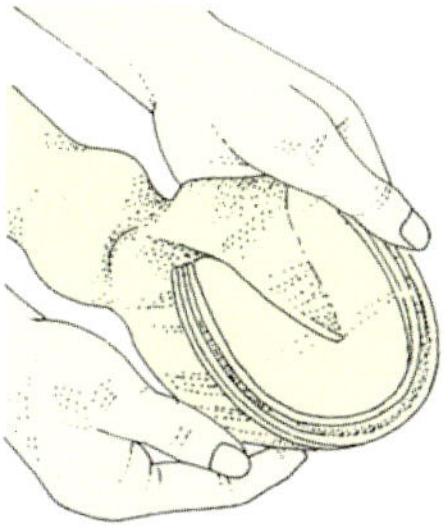

Les sabots
La paroi du sabot ne doit pas être fissurée ou cassante. Le sabot doit être symétrique et le fer bien ajusté – un fer mal ajusté révèle un défaut.

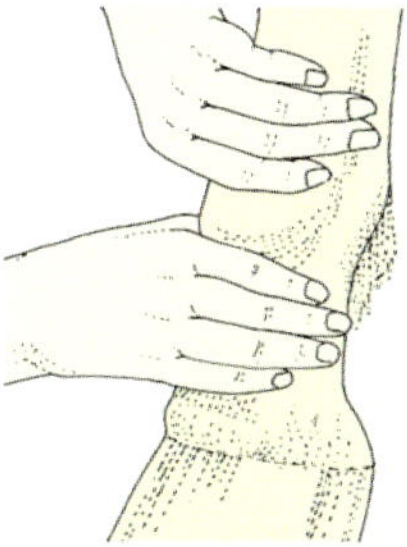

Les jambes
Les tendons doivent être résistants et nerveux. Douloureux ou enflé c'est le signe d'une blessure récente ou ancienne. Pour déceler une claudication, faire trotter le cheval.

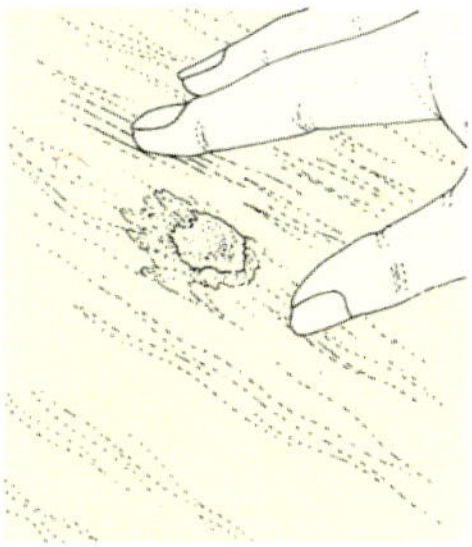

La robe
Elle doit être propre et luisante ; terne et squameuse, elle indique la présence de parasites. Vérifier qu'une selle mal adaptée n'ait pas provoqué de défauts.

PRENDRE SOIN DE SON CHEVAL

Pour son apparence, mais surtout pour sa santé et sa forme, le cheval d'écurie doit être fréquemment pansé. Le cheval qui vit au pré sécrète des substances huileuses qui donnent à sa robe un luisant naturel, qui peut disparaître avec des lavages réguliers.

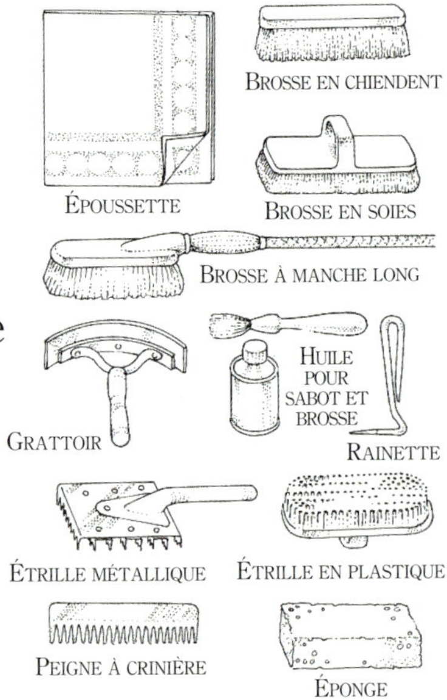

LAVAGE ET BROSSAGE
Pour le cheval qui reste à l'écurie, une toilette quotidienne, nécessitant des gestes précis et un matériel adapté, est indispensable.

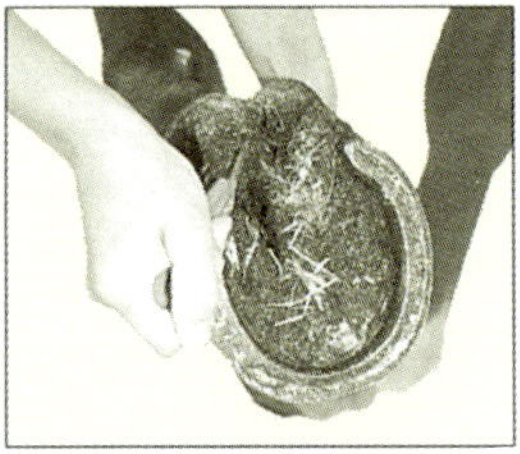

NETTOYAGE DU SABOT
Nettoyage quotidien avec une rainette, pour retirer tout corps étranger susceptible d'emmagasiner de l'humidité et de créer un foyer infectieux.

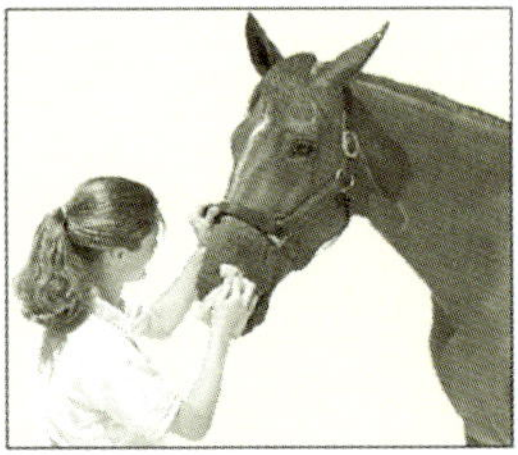

NETTOYAGE DE LA TÊTE
Avec une éponge spéciale mouillée, nettoyer le nez, les yeux et les lèvres séparément. Une fois terminé, bien rincer l'éponge.

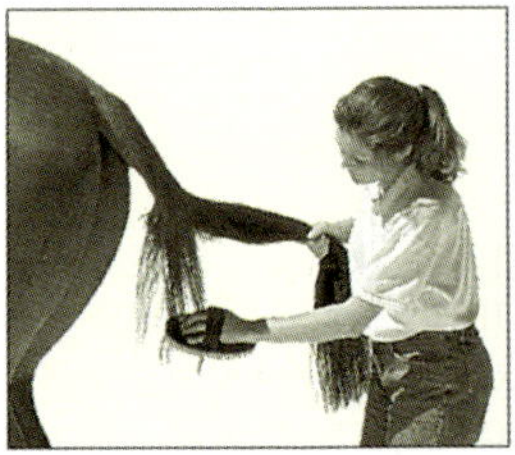

BROSSAGE DE LA QUEUE
Bien démêler et brosser en évitant d'arracher des crins. Une brosse humide aplatira les petits crins du sommet de la queue.

LE FERRAGE
Cette opération consiste à appliquer sous le sabot une sole de métal pour le préserver de l'usure.
1 Le maréchal-ferrant enlève le fer usé, nettoie et taille le sabot. 2 Le fer neuf est chauffé au rouge et façonné sur l'enclume. 3 Le maréchal-ferrant prend l'empreinte et fixe le nouveau fer.
4 Il rabote le bord du sabot avec une râpe.

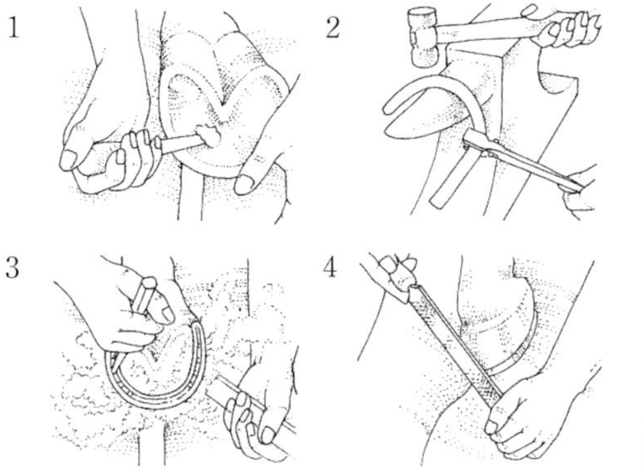

Nettoyage et démêlage de la crinière à l'aide d'un peigne spécial

Brossage de la tête avec une brosse en soies

LE PANSAGE
Il est préférable d'effectuer le brossage quotidien pour enlever les poils morts, la boue et les corps étrangers, dès le retour du cheval dans son box, après l'exercice ou la promenade : ses pores sont alors ouverts, ce qui facilite la toilette.

Les touches finales

Préparer un cheval pour une exhibition exige un soin tout particulier : après la toilette, natter la queue et la crinière (une fois dénattée, la crinière retombera plus joliment) ; huiler les sabots pour les embellir ; des bandages sont nécessaires pour protéger ses jambes si votre cheval doit voyager, et pour favoriser l'échauffement pendant les exercices ; égaliser les poils et les peigner pour embellir la robe.

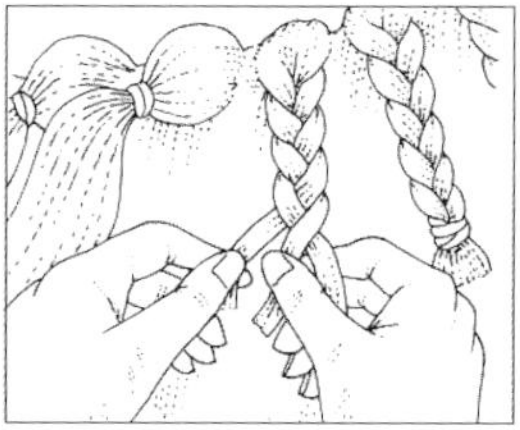

1 NATTER LA CRINIÈRE Avant de commencer les nattes, humidifier la crinière.

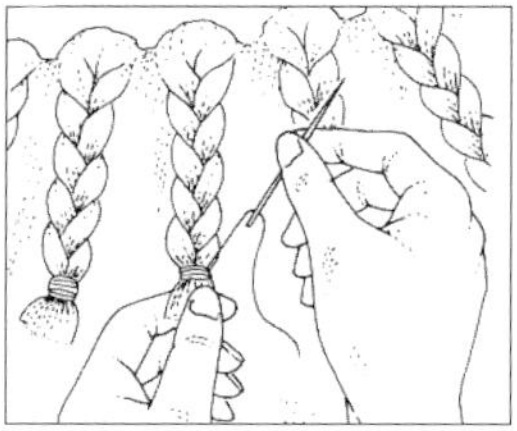

2 ROULER LES NATTES Introduire une aiguille avec du fil en bas de la natte, et former de petits chignons.

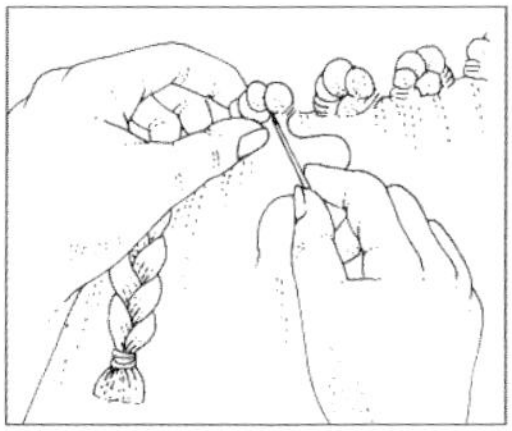

3 FINITIONS Pousser l'aiguille dans le chignon ainsi obtenu et enrouler le fil autour.

NATTAGE DE LA QUEUE Tresser les trois-quarts de la queue. Remonter la natte près de la partie charnue de la queue de façon à obtenir une boucle. Rapprocher les deux parties de cette boucle pour obtenir une double natte épaisse.

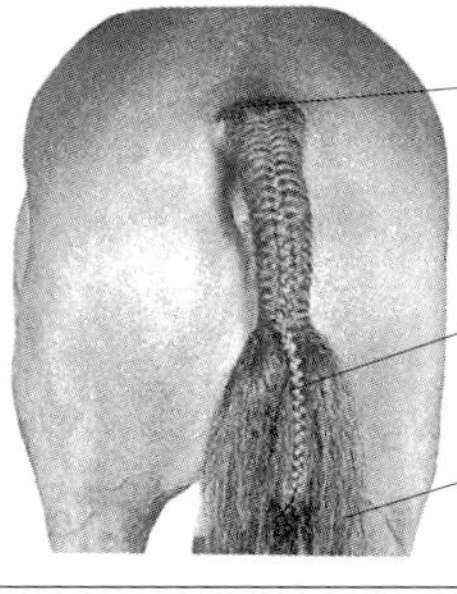

Tonte et peignage

Le type de tonte est déterminé par l'activité du cheval et sa transpiration. Pour un spectacle, les poils de la croupe seront peignés à travers une sorte de pochoir, de façon à former un motif sur la robe.

PEIGNAGE EN DAMIER

TONTE DE CHASSE

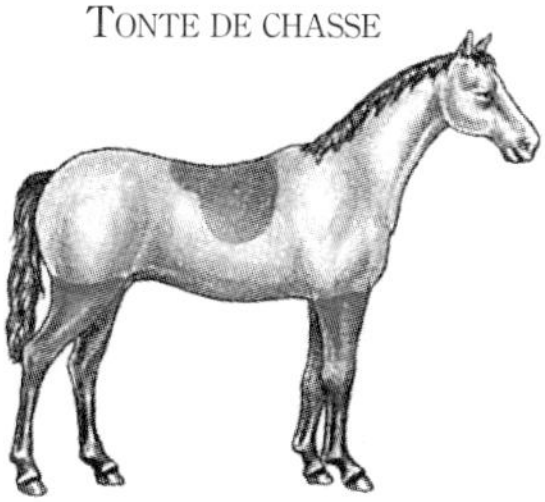

TONTE CLASSIQUE

PEIGNAGE EN DENTS DE REQUIN

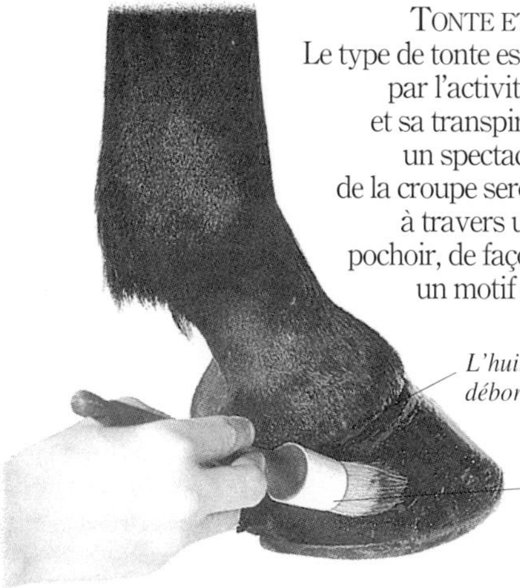

HUILAGE DES SABOTS

Soin des sabots

Le huilage embellit les sabots et évite qu'ils se dessèchent ou se fendillent. La coupe de la repousse empêche la formation des crevasses.

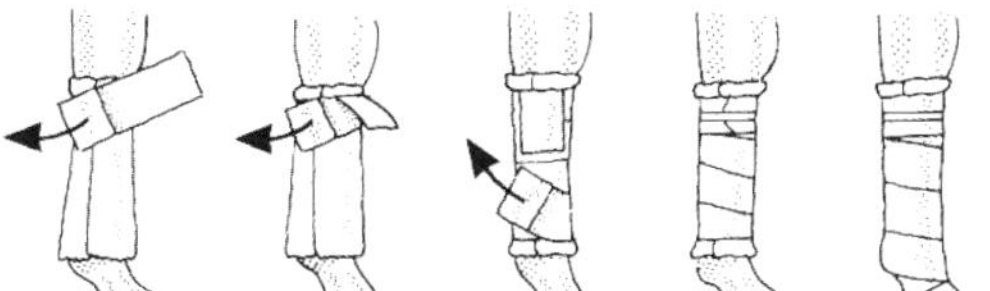

Bandage des jambes

Les bandes sont enroulées sur un rembourrage de coton. 1 Partir du haut. 2 Enrouler la bande dans le même sens que le rembourrage. 3 Bander jusqu'au milieu du paturon. 4/5 Les bandes soutiennent les tendons, évitent les blessures.

DESSINER UN CHEVAL

Pour bien se familiariser avec la morphologie du cheval, rien de tel que de le dessiner ou le peindre. Commencer par dessiner d'après photos ; ébaucher rapidement une silhouette avant de passer aux détails. Essayer le fusain, le crayon et d'autres techniques. Une fois en confiance, tenter les encres de couleur.

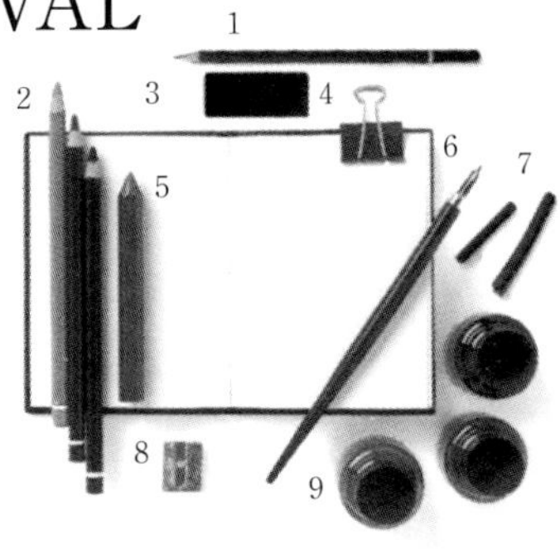

LE MATÉRIEL
1 Crayon à dessin.
2 Crayons de couleur. 3 Gomme.
4 Pince et papier. 5 Gros crayon.
6 Porte-plume. 7 Fusain.
8 Taille-crayon.
9 Encres de couleur.

DESSIN DE LA TÊTE
Si la tête permet de déterminer la race, elle est aussi révélatrice de la personnalité du cheval. Essayer d'en saisir ses caractéristiques, et de les retranscrire par plusieurs petites lignes courbes. Procéder par traits légers avant le tracé définitif.

1 Dessiner les contours du nez : ses lignes verticales serviront de repères pour les autres traits.

2 Ébaucher la structure de la tête en traçant de petites courbes qui donneront la forme générale des joues et des orbites.

LE CORPS
Essayer d'avoir une vision globale. Tirer des traits rapides pour suggérer la fluidité et l'agilité de l'animal.

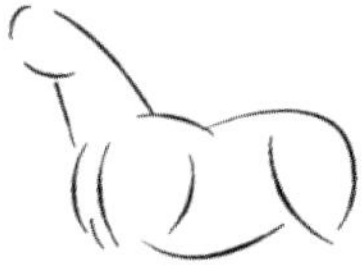

1 Les yeux à demi-fermés, dessiner la forme générale du corps et du cou. Chercher à reproduire la forme des muscles, surtout de l'épaule et de la cuisse, pour donner une impression de puissance.

2 Veiller à ce que l'arrière-train soit légèrement plus haut que les épaules. Puis, passer aux jambes et à la tête.

3 Regarder les espaces entre le corps et les jambes pour trouver les proportions correctes.

4 Ombrer certaines partie du corps pour mettre en valeur les muscles et renforcer son image.

3 Toujours à l'aide de courbes, dessiner la crinière, la bouche, les joues et les oreilles. Le trait doit être léger à ce stade du croquis.

4 Dessiner les yeux, le toupet et les naseaux. La personnalité de votre cheval commence à apparaître.

5 À partir des lignes déjà tracées, donner du relief à la tête en ombrant. Effacer les lignes directrices devenues inutiles.

Adresses

STRUCTURES
NATIONALES

Association française
d'équitation western
14, rue de la Jacterie
27160 La Gueroulde
tél. 04 67 73 44 87
www.afew.fr

Association française
des étudiants cavaliers
(AFEC)
2, place Jussieu
75005 Paris

Comité National de
Tourisme Équestre
Parc Equestre Fédéral
41600 Lamotte-Beuvron
tél. 01 53 26 15 50
www.tourisme-equestre.fr

Fédération des
randonneurs
équestres français
(FREF)
Étioles
91450 Soissy sur Seine
tél. 01 69 89 01 81

Fédération française
d'équitation
(FFE)
81 avenue Edouard
Vaillant
92517 Boulogne cedex
tél. 01 58 17 58 17
www.ffe.com

Fédération Francophone
d'Equitation et d'Attelage
de Loisir
12, rue du Tienne
5140 Ligny
Belgique
tél. 071 81 50 52
www.ffe.be

Fédération suisse des
sports équestres
Box 726
Papiermühlestrasse, 40H
CH-3000 Bern 22
Suisse
www.svps-fsse.ch

Haras nationaux
BP 6
19231 Arnac-Pompadour
tél. 0811 90 21 31
www.haras-nationaux.fr

Ligue française pour
la protection du cheval
8, Le Bois de Rigny
10160 Rigny-le-Ferron
tél. 03 25 80 83 81

Salon du cheval et du
poney (nov. ou déc.)
Paris Expo
Porte de Versailles
75015 Paris
www.salon-cheval.com

MUSÉES

Musée de la cavalerie
Place Charles de Foucauld
49400 Saumur
tél. 02 41 83 65 11

Musée du cheval
de courses
Château de Maisons
78600 Maisons-Laffitte
tél. 01 39 62 01 49

Musée Suisse du cheval
1315 La Sarraz
Suisse
tél. 21 86 66 423
www.muche.ch/

Musée lorrain du cheval
La Tour Ronde
55130 Gondrecourt-
le-Château
tél. 03 29 89 63 38

Musée-Relais du Cheval
Comtois et de la Forêt
Les Halles
25270 Levier
tél. 03 81 89 58 74
www.haut-doubs.org/
musee-cheval/

Musée vivant du cheval
Château de Chantilly
Musée Condé
60631 Chantilly Cedex
tél. 03 44 27 31 80

CENTRES DE FORMATION

Association de formation et d'action sociale des écuries de course (AFASEC)
Allée de Jardy - BP 70419
60635 Chantilly Cedex
tél. 03 44 62 41 60

Centre d'enseignement zootechnique
Parc du Château
78120 Rambouillet
tél. 01 61 08 68 47

École nationale d'équitation de Saumur
Saint-Hilaire-Saint-Florent
BP 207
49411 Saumur cedex
tél. 02 41 53 50 50
www.cadrenoir.fr/

École nationale des haras
Les Ecuries du Bois
61310 Le Pin au Haras
tél : 02 33 12 12 12

Annuaire des centres de formation aux métiers du cheval
www.lesaboteur.com/menuadresses/formation/toutdepartement/formation.php

UCPA
www.ucpa.com

REVUES

Attelages magazine
63, rue des Rosiers
14000 Caen
tél. 02 31 15 53 53

Cheval Arabe France
BP 836
83051 Toulon cedex
tél. 04 94 24 21 89

Cheval magazine
Cheval Star
Galopin
Sports Equestres
BP 60
78490 Montfort-L'Amaury
tél. 01 34 86 29 00
www.chevalmag.com

Equus international
85, avenue Pierre Grenier
92100 Boulogne Billancourt
tél. 01 72 44 62 00

Cavalière la passion du cheval
magcavaliere@yahoo.fr

Cheval junior
www.chevaljunior.fr

L'Éperon
21, rue du Sentier
75002 Paris
www.leperon.fr

SITES INTERNET ÉQUESTRES

http://equitationpassion.free.fr/
apprendre et échanger autour de la bonne éducation de son cheval.

http://fr.wikipedia.org/wiki/Équitation
L'encyclopédie en ligne propose un article de synthèse sur l'équitation et ses différentes disciplines.

http://www.cavadeos.com
Un site généraliste sur le monde du cheval qui vise aussi bien à informer les cavaliers qu'à leur permettre de se mettre en contact avec des spécialistes du cheval dans tous les domaines. Ce site comporte un espace Junior.

Glossaire

ACTION
Manière dont le cheval bouge son corps.
ALLURE
Façon dont le cheval se déplace.
ANTÉRIEURS
Membres de devant.
APLOMBS
Positions des membres du cheval par rapport au sol.
ARÇON
L'une des deux pièces qui forment le corps de la selle.
ARRIÈRE-TRAIN
Les hanches et les fesses du cheval.
À SANG CHAUD
Chevaux dont les ancêtres sont originaires du Moyen-Orient.
À SANG FROID
Chevaux lourds dont les ancêtres venaient des pays du Nord.
BARDOT
Hybride issu d'un cheval et d'une ânesse.
BRIDE
Pièce du harnais servant à contrôler la tête du cheval.
CAPARAÇON
Harnachement d'ornement ou de protection d'un cheval.
CARROSSIER
Cheval qui tirait des carrosses.
COLLIER
Pièce du harnais portée par un cheval lourd pour tirer de lourdes charges.
CONFORMATION
Formes et proportions du corps du cheval.
CRINIÈRE
Longs crins du cou d'un cheval.
CROISEMENT
Reproduction entre deux chevaux de races ou d'espèces différentes.
DEMI-SANG
Produit d'un croisement entre un pur sang arabe et une autre race.
DESTRIER
Cheval de bataille.
ENTIER
Se dit d'un jeune mâle non castré de moins de quatre ans.
ÉQUIDÉS
Famille des mammifères comprenant tous les chevaux, les poneys, les ânes et les zèbres.
ÉTALON
Cheval mâle entier de plus de quatre ans.
FANON
Touffe de crins qui pousse au dessus du sabot.
GANACHE
Région postérieure de la mâchoire d'un cheval.
GARROT
Chez le cheval, parties du corps située au-dessus des épaules et délimitant l'encolure.
GÉNITEUR
Étalon destiné à la reproduction.
HALAGE
Action de faire avancer un bateau en le tirant

depuis les berges.
HAQUET
Charrette à plate-forme basculante utilisée pour le transport des tonneaux.
HARNAIS
Ensemble des pièces de l'équipement d'un cheval de selle ou de trait.
HEAUME
Casque cylindrique ou pointu, couvrant la tête et le visage, porté au Moyen Âge par les soldats.
HONGRE
Mâle castré.
JARRET
Articulation du genou de la patte postérieure.
JUMENT
Cheval femelle de plus de quatre.
MARÉCHAL FERRAND
Personne qui ferre les chevaux.
MULET
Produit d'un croisement d'un âne et d'une jument.
NORIQUE
Ancienne province de l'Empire romain, située entre le Danube et les Alpes.
ONAGRE
Âne sauvage vivant en Inde et en Iran.
PEDIGREE
Généalogie de chaque cheval de race.
POINTS
Particularités physiques qui servent à juger la conformation d'un cheval.
PONEY
Cheval qui ne dépasse pas 1,47 m au garrot.
POULAIN
Jeune cheval de moins de un an.
RACE
Groupe élevé sélectivement en raison de caractéristiques transmises de générations en générations et reconnu sur la base de ces caractéristiques.
RAYURE DORSALE
Ligne de poils foncés qui court le long du dos jusqu'à la queue.
RÊNES
Courroies fixées au mors.
RUADE
Le cheval saute, le dos arqué et retombe sur ses pattes avant tendues.
SABOT BLEU
Sabot noir bleuté chez certaines races.
SCLÉROTIQUE
Membrane blanche qui entoure le globe oculaire.
SELLERIE
Équipement comprenant les selles et les harnais.
TAPIS DE SELLE
Pièce de tissu placée sous la selle pour empêcher tout frottement sur le dos du cheval.
THORAX
Circonférence du corps du cheval sous le garrot.
TRAIT LÉGER
Cheval destiné à tirer des voitures.
TROUSSEQUIN
Partie postérieure et relevée de l'arçon de la selle.
TYPE
Cheval qui remplit des fonctions spécifiques, par exemple "cheval de chasse".

Index

Remerciements

L'éditeur tient à remercier : Hilary Bird

Illustrations :
Joanna Cameron; Tony Graham; Will Giles; John Hutchinson; Jonos Marffy; Sean Milne; Sandra Pond; John Temerton; John Woodcock; Debra Woodward.

Photographies :
Akhil Bakhshi; Peter Chadwick; Gordon Clayton; Steve Gorton; Kit Houghton; Colin Keates, Natural History Museum, London 24-5, 77hc, 127bd, 129bd; Bob Langrish; Ray Moller; Tracy Morgan; Stephen Oliver 91-2; Tim Ridley; Karl Shone; Jerry Young.

Crédits photographiques :
h=haut b=bas c=centre
g=gauche d=droite
Animal Photography/Sally-Anne Thompson 69cd, 89hd, 108cg;/R. Willbie 124bg, 132bd. Bridgeman 86bg. Bruce Coleman/Steve C. Kaufmann 125h;/Fritz Prenzel 76-77, 82bg;/ Jonathan Wright 122-123. Susan Daniel 73hc. ET Archive 101cd. Mary Evans 97hd, 126hd, 129hd, 132hd. Werner Forman Archive 71cd. Hamilton Collection, Lennoxlove House, Haddington, Scotland 115hg. Robert Harding 13hd, 54bg, 56cg. Michael Holford 14cd, bd, 15cg. Kit Houghton 48-49, 52bg, 60bd, 65bd, 67hg, 83hc, 94bg, 104-105, 116cg. Bob Langrish 31cg, 35hg, 53bd, 59b, 90bg, 93bd, 107bg, bc, 119hd, 121hc, 124bd. Peter Newark's American Pictures 89bd. Only Horses 36bd. Oxford Scientific Films/ M. Austerman 127hg. *Complete Guide to Equitation* de Norman Thelwell publié par Methuen, London. Zefa 99bd. Couverture : © Dorling Kinderseley ltd pour tous les documents sauf :

Noms des chevaux et propriétaires :
3bd *Rajah*, West Midlands Mounted Police; 10-1 *Barone*, M. Tavazzani; 21cg *Duke*, Jim Lockwood; 22-3 *Brutt*, Robert Oliver; 34hd *Lyphento,* Conkwell Stud; 40-41 *Quist and Rajah*, West Midlands Police; 41hg *Nibble,* Kinstroop; 50-51 *Lockinge Edward*, Abigail Hampton; 53hd *Little Trouble,* Marvin McCabe; 52-53 *Parlington Pepsi & Dulcie*, Mrs Johnston; 54-5 *Little Elska*, G & H Greenfield; 55bd *Blue Print*, Mervyn & Pauline Ramage; 56-7 *Warrendale Duke*, M. Dickson; 57tr *Waverhead William*, Mr & Mrs Errington; 57br *Sunbeam Superstar*, David Vyse; 59h *Blyth Jessica*, M. Houlden; 58 *Murrayton Delphimus,* June Freeman; 61 *Bowerwwood Aquila*, Mrs Rae Turner; 62 *Blackhill Sparkle*, Mrs Crump; 63 *Malibu Park Command Performance,* K & L Sinclair; 64-5 *Spinway Bright Morning*, S. Hodgkins; 65hd *Llanarth Sally,* Mr & Mrs Bigley; 66 *Chi Chi*, Steve White; 67 *Clover*, Kenneth Burton; 68 *Dinolino*, Josef Waldherr; 68-9 *Nomad*, Miss Helen Blair; Hopstone Shabiz, Mrs Scott; 72-3 *Pegasus, Cleopatra and Bernando of Kilverstone,* Lady Fisher; 75bd *Ausdan Svejk*, John Goddard Fenwick and Lyn Moran; 78t *Skippers Valentine,* T J Crouch; 81bd *Montemere-O-Nova*, Nan Thurman; 81hd *Sjouke*, Sonia Gray; 82-3 *Ardent Lodger*, Mr & Mrs Duffy; 83bd *Restif*, Haras National de Compiègne, France; 85hd, bd *Wychwood Dynascha,* Mrs G. Harwood; 84hd, 84-5 *Hit Man*, Boyd Cantrell; 88bg *Doc's Maharaja*, Harold Bush; 93hd *Campanero XXIV*, Nigel Oliver; 94-5 *Oaten Mainbrace*, Mr & Mrs Dimmock; 95hd *Samurai*, Heiner Eppinger; 96-7 *Muschamp Mauersee*, Janet Lorch; 98-99 *Saglavy Szella*, J. Goddard Fenwick and Lyn Moran; 100 *Scrulo Victory*, Mrs Waller; 102b *Shaker's Supreme*, Fred & Bonnie Neuville; 103bd *Tokyo Joe*, Lorna Tew; 108-9 Jorgan Nielsen; 110-1 Roy Kentucky Horse Park, USA; 113bd *Tango & 112-3 Ibis*, Haras National de Saint-Lô, France; 114 *Blue Print*, Mervyn & Pauline Ramage; 116-7 *Laurel Keepsake II*, P. Adams & Sons; 117hd *Tempo*, Jorgen Neilsen; 118-9 Jim Lockwood; 120-1 *Ramses du Vallon*, Haras National de Pau, France; 121bd *Urus*, Haras National de Compiègne ; 133cd *Patrick*, Kentucky Horse Park; 133bd *Pone*, Ron & Anna Baker; 146b *Ovation,* Robert Oliver.
Couverture : Dorling Kindersley sauf
4e plat : Robert Harding Picture Library.

Pour la version française :
Traduction :
Adaptation OCTAVO Éditions